共和國教科書

新國文

商務印書館

商务共和国教科书新国文

庄俞　沈颐　编著

经典民国老课本

山东人民出版社
国家一级出版社　全国百佳图书出版单位

图书在版编目（CIP）数据

商务共和国教科书新国文 / 庄俞，沈颐编著. —— 济南：山东人民出版社，2017.3

ISBN 978-7-209-10294-0

Ⅰ. ①商… Ⅱ. ①庄… ②沈… Ⅲ. ①小学语文课－教材 Ⅳ. ① G624.201

中国版本图书馆 CIP 数据核字 (2017) 第 031922 号

商务共和国教科书新国文

庄俞　沈颐　编著

主管部门　山东出版传媒股份有限公司
出版发行　山东人民出版社
社　　址　济南市胜利大街 39 号
邮　　编　250001
电　　话　总编室（0531）82098914
　　　　　市场部（0531）82098027
网　　址　http://sd-book.com.cn
印　　装　山东新华印务有限责任公司
经　　销　新华书店

规　　格　32 开（140mm × 210mm）
印　　张　9.75
字　　数　60 千字
版　　次　2017 年 3 月第 1 版
印　　次　2017 年 3 月第 1 次
印　　数　1-5000
I S B N　978-7-209-10294-0
定　　价　28.00 元

出版说明

教科书，俗称课本，我们都很熟悉。它在潜移默化间提高了人们的认识，塑造了国民的精神，其重要性不言而喻。教科书还有鲜明的时代烙印，它忠实记载了当时的政治、经济、社会等各种情况，因而有重要的研究价值。

为一般人所不大了解的是，教科书源于西方。我国的教科书史并不长，现在刚过百年。我国最早的教科书出于来华的西方传教士之手，国人自编教科书则始于十九世纪八十年代。一九〇三年清政府统一全国学制，在国家制度层面为教科书的发展提供了平台。一大批知名学者与新文化代表人物如张元济、蔡元培、杜亚泉、高梦旦、王云五、胡适、吴研因等其时纷纷投身教科书的编写，以商务印书馆为代表的各出版机构的领导人积极运作，组织高水平队伍，筚路蓝缕，呕心沥血，上下求索，编写、出版了一套套内容与形式俱佳的教科书，为我国教科书编写、出版奠定了良好的基础。

这些教科书取得了令人惊叹的成就。像商务印书馆一九一二年出版的《共和国教科书新国文》，全书一共八册，到一九二七年前后还在出版，目前所能见到的印次最多的一册印行了二千五百六十次（实际印次可能比这还要多），其中有些课文语言甚至成为熟语，如『小猫三只四只』，后来成为上海及其附近地区形容营业场所顾客稀少或开会到会人数寥寥的意思，可见这套书的影响之大。商务印书馆推出的其他教科书以及后起之秀中华书局、世界书局、大东书局等推出的教科书也都特色鲜明，受到各新式学校的青睐采用，出版后一版再版甚至重印几十上百次的屡见不鲜。

教科书性质特殊，虽曾大量印制，但很少被收藏，所以早期教科书被完整保存下来的不多，作为出版者，我们满怀深情地回眸凝望那些凝聚着前人心血和智慧、在教育史上产生了深远影响的老课本，希望有机会陆续把它们奉献到大家的面前。这也是我们的责任所在。创新总是在继承的基础上进行的。现首批推出六种，分别是商务印书馆一九一二年版的《共和国教科书新国文（初小）》、《女子国文教科书》订正版，一九三二年版的《新学制国语教科书

（初小）》，世界书局一九三三年版的《国语新读本》，大东书局一九三三年版的《新生活国语教科书》，世界书局一九三三年版的《模范公民（公民训练小册）》。其中前五种为语文教科书，由浅近的文言体到白话文，可以看出语文教科书的发展轨迹。它们的共同特点是：一、均面向小学低年级读者；二、编写、校订者为教育大家或专家，熟悉儿童心理；三、选文符合儿童生活与儿童心理，富于情趣；四、编排循序渐进，由浅入深，易于接受；五、选文注重对儿童进行知识与品德等多方面的教育，注重培养适应时代需要的人才；六、插图生动活泼，与文字相得益彰。《模范公民（公民训练小册）》相对特殊，它是早期教科书中修身、公民教育的一种，编写目的是督促小学生按规范的思想、道德和行为标准而生活，成为合格公民。其训练目标具体、细致，形式新颖、别致，对于今天的读者，特别是小朋友来说，仍不失为一种很生动、独特的成长读本。

在《经典民国老课本》书系的编辑上，有两层意思，一是精选品种，二是精选内容。高年级的课文插图渐少，文章渐长，我们的选文随之减少，对于一些不合时宜的内容我们也做了处理，努力使最后保留下来的内容健康、活泼，适于阅读。在呈现形式上，我们经过再三考虑，在原文、原图之外，依据每课内容列出了繁简字对照表（其中少量为异体字），这样做的目的是希望青少年读者能在阅读的同时由此认识一些繁体字。前辈们在文化教育领域创造出的业绩是令人钦佩的。我们在书中专门介绍了编写、校订、绘图者的生平事迹，希望能让他们为大家所认识。同时也祈请至今未能联系上的相关著作权人能及时与我们联系，以便奉上稿酬。

编著者

庄俞（1876—1940）近现代出版家、教育家。名亦望，字百俞，又字我一，别号梦枚楼主。江苏武进人。一九〇三年入商务印书馆，供职三十年，先后参加编写《最新教科书》《简明教科书》《共和国新教科书》《单级教科书》等多种课本。徐悲鸿困顿时有人向他推荐徐的画，他们本是同乡，庄俞却本着对工作负责的精神，认为徐的画不适合作教科书插图，予以退还。徐悲鸿深受打击，几欲自杀，后发愤成为艺术大师。庄俞去世时，张元济作《挽庄百俞联》，联曰：『如此岁月如此山河翻幸百罹长解脱，可共安乐可共患难最怜卅载旧知交。』

沈颐 中国近现代出版家。字朵山，江苏武进人。曾任商务印书馆国文部编辑，参编《初等女子国文教科书》等多种中小学教科书。一九一二年一月一日与陆费逵、戴克敦等五人集资创办中华书局，为辞典部部长。后主持编写《辞海》。

校订者

高梦旦（1870—1936）中国近现代最富实绩和最具声望的出版家之一。原名凤谦，号梦旦。福建长乐人。任商务印书馆编译所所长至五十一岁，主动请辞，并亲赴北京，邀请不满三十岁的胡适担纲，胡适推荐老师王云五。王云五当时毫无名气，人们怀疑他的才能，高梦旦却尽心帮他熟悉各项工作，在王接手后还尽力辅佐。有人不解，他解释道：『公司犹国家也。谋国者不可尸位，当为国求贤……国方得以长久。』高梦旦识才爱才。他提升青年沈雁冰任《小说月刊》主编，沈要求：现存稿子都不能用；全部改用五号字；馆方应当让其全权办事，不能干涉编辑方针。高梦旦全部应允。商务众人，出身、经历、利益、性格均不相同，高梦旦以理游说折冲其间，三十余年始能无大冲突，被称为商务不可少之『润滑剂』。

张元济（1867—1959）近现代大出版家。字筱斋，号菊生。浙江海盐人。清光绪进士。曾任刑部主事、总理各国事务衙门章京。戊戌变法时光绪帝曾破格召见，政变后被革职。后在上海致力文化事业，主持商务印书馆，校有百衲本《二十四史》，影印《四部丛刊》，辑有《续古逸丛书》。新中国成立后任上海文史馆馆长、商务印书馆董事长，并当选为全国人大代表。著有《校史随笔》《涵芬楼烬余书录》等。

目录

第一册

第二册

第三册

第四册

第五册

第六册

第七册

第八册

第一册

第一課

人

第二課

手

足

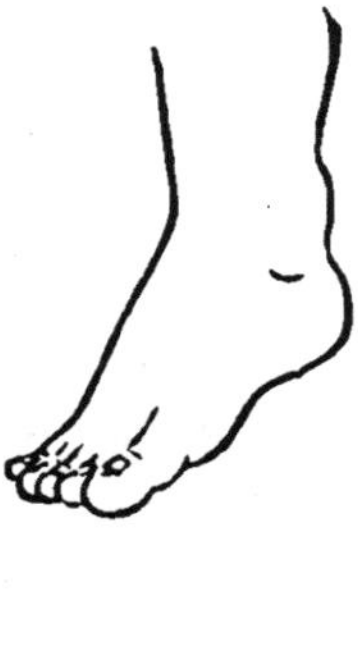

第三課

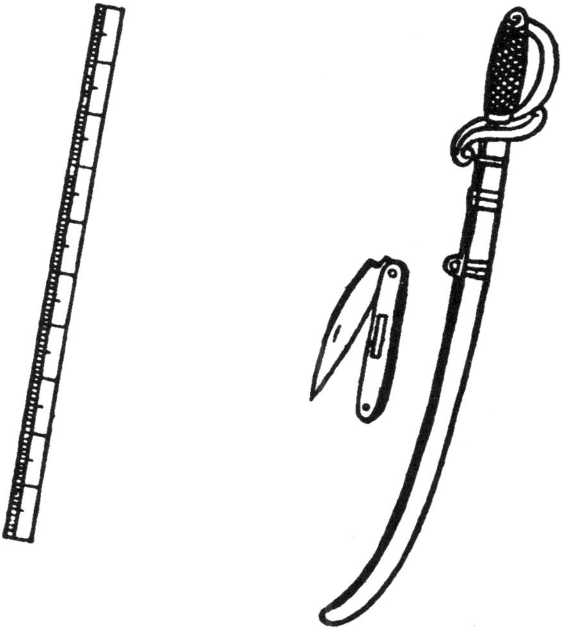

刀 尺

第四課

山水田

第五課

狗

牛

羊

第六課

一身

二手

第七課

大山 小石

第八課

天地日月

第九課

父母男女

第十課

紅黃藍

白黑

繁与简

紅（红）

藍（蓝）

第十一課

小貓
三隻
四隻

繁与简
貓（猫）
隻（只）

第十二課

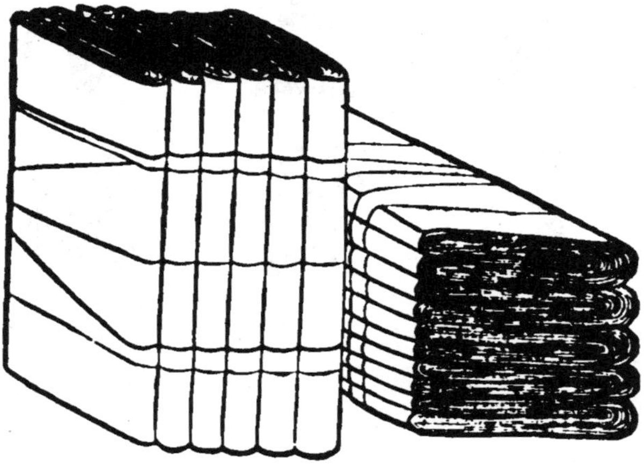

白布
五匹
六匹

第十三課

几 

桌 

椅 

盌 

桶 

盆 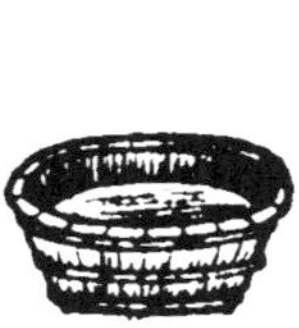

繁与简

盌（碗）

第十四課

我 鳥 

你 蟲 

他 魚 

繁与简

鳥（鸟）
蟲（虫）
魚（鱼）

第十五課

早起
月落
日出

第十六課

哥哥
弟弟
上學去

繁与简

學（学）

第十七課

書一本

圖多

字少

繁与简

書（书）

圖（图）

第十八課

池中魚
游來
游去

繁与简
魚（鱼）
來（来）

第十九課

水盂

墨盒

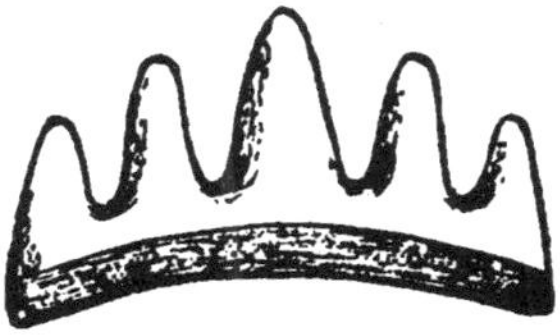

筆架

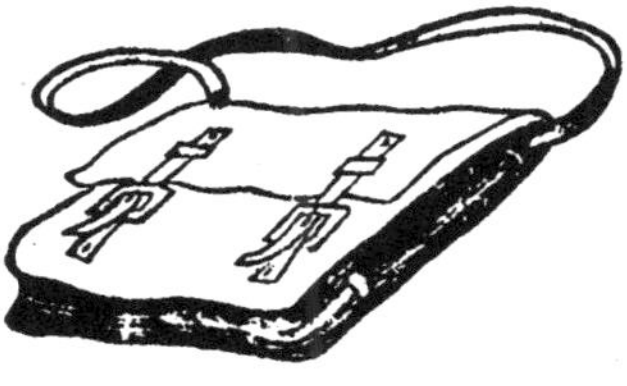

書包

繁与简

筆（笔）

書（书）

第二十課

窗前
階下
紅花
綠葉

繁与简

階（阶）
紅（红）
緑（绿）
葉（叶）

第二十一課

一
二
三
四
五

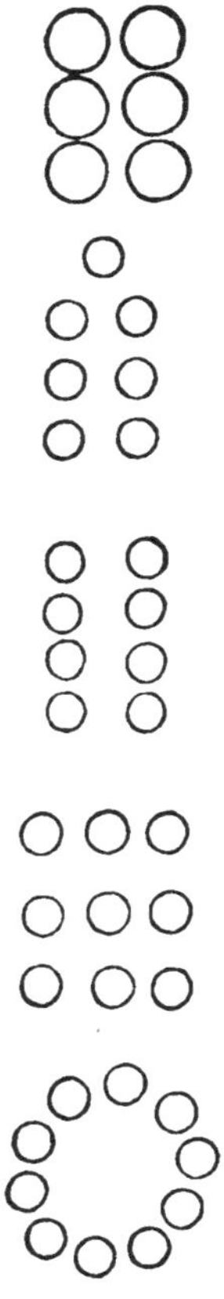

六
七
八
九
十

第二十二課

散學

回家

青草地

放風箏

繁与简

學（学）

風（风）

箏（筝）

第二十三課

兄大

妹小

兄唱歌

妹拍毬

繁与简

毬（球）

第二十四課

開窗　掃地　拭几

磨墨　執筆　寫字

繁与简

開（开）
掃（扫）
執（执）
筆（笔）
寫（写）

第二十五課

昨日

今日

明日

棉衣

夾衣

單衣

繁与简

夾（夹）

單（单）

第二十六課

我姊姊

在房內

持剪刀

裁新衣

第二十七課

竹簾外
兩燕子
忽飛來
忽飛去

繁与简
簾（帘）
兩（两）
飛（飞）

第二十八課

在家中　孝父母

入學校　敬先生

繁与简

學（学）

第二十九課

天初晚
月光明
窗前遠望
月在東方

繁与简
遠（远）
東（东）

第三十課

大路上
人往來
或乘車
或步行

繁与简
來（来）
車（车）

第三十一課

月季花
朵朵紅
姊呼弟弟
快來看花

繁与简

朵（朵）
紅（红）
來（来）

第三十二課

蝦多足
身有節
入水能游
出水能跳

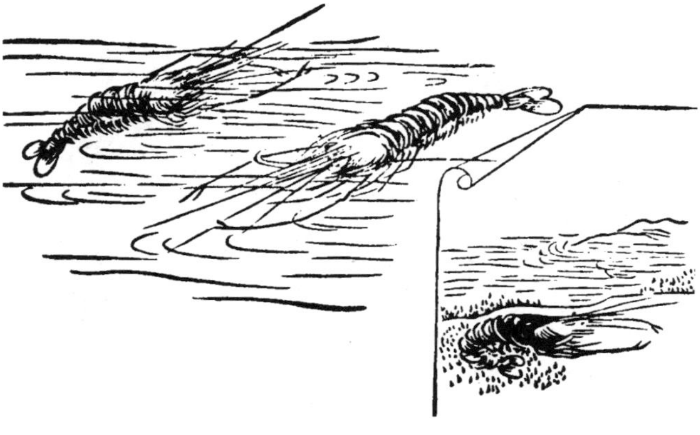

繁与简
蝦（虾）
節（节）

第三十三課

鳥有兩翼

故能飛

獸有四足

故善走

繁与简

鳥（鸟）　兩（两）　飛（飞）　獸（兽）

第三十四課

渴思飲

飢思食

渴時飲茶

飢時食飯

繁与简

飲（饮）

飢（饥）

時（时）

飯（饭）

第三十五課

兩岸間
架板橋
橋上行人
橋下行船

繁与简
兩（两）
橋（桥）

第三十六課

庭前樹
有鳥巢
小鳥一羣
樹間飛鳴

繁与简

樹（树）鳥（鸟）羣（群）間（间）飛（飞）鳴（鸣）

第三十七課

畫一幅

馬八匹

或臥或立

或俯或仰

繁与简

畫（画）

馬（马）

第三十八課

姊呼妹

同遊戲

拍皮毬

踢毽子

滾鐵環

繁与简

遊（游） 戲（戏） 毬（球） 鐵（铁） 環（环）

第三十九課

小室中
燈火明
母教女
取絨繩
學手工

繁与简
燈（灯）
絨（绒）
繩（绳）
學（学）

第四十課

院中雄鷄

日將出

喔喔啼

日將中

喔喔啼

繁与简

鷄（鸡）

將（将）

第四十一課

一小舟河邊行前有槳後有舵上有布帆

繁与简

邊（边）槳（桨）後（后）

第四十二課

有老人

提竹籃

入市中

買魚一尾

步行還家

繁与简

籃（篮）

買（买）

魚（鱼）

還（还）

第四十三課

左右手
共十指
左五指
右五指
能取物
能作事

第四十四課

人面上
有眉
有目
有鼻
有口
舌在口内
耳在兩旁

繁与简
兩（两）

第四十五課

玻瓈缸中
金魚兩尾
小貓來
我入室
欲捕魚
貓逃去

繁与简
瓈（璃）
魚（鱼）
兩（两）
貓（猫）
來（来）

第十四課

好哥哥

好弟弟

手牽手

同回家

母爲兒

解書包

攜兒入室

繁与简

牽（牵）

爲（为）

兒（儿）

書（书）

攜（携）

第四十七課

米多少

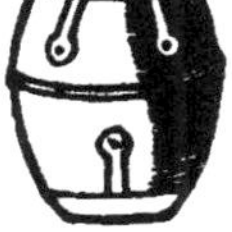

用斗量

布長短

用尺量

米十升

為一斗

布十寸

為一尺

繁与简

長（长）

爲（为）

第四十八課

有客至

看我父

我迎客

入室内

第四十八課

父見客

問姓名

父坐右

客坐左

繁与简

見（见）

問（问）

第四十九課

小學生　十餘人

操場上　同遊戲

彼爲將　持長刀

我爲兵　負短槍

繁与简

學（学）　餘（余）　場（场）　遊（游）　戲（戏）　爲（为）　將（将）　長（长）　負（负）　槍（枪）

第四十九課

第五十課

功課完　放學回
哥哥妹妹
同遊庭中
晚飯後　坐燈前
先習國文
後習算學

繁与简
課（课）
學（学）
遊（游）
飯（饭）
後（后）
燈（灯）
習（习）
國（国）

第二册

第一課

新書一冊
先生講
學生聽
先讀字音
後解字義

繁与简

書（书）冊（册）講（讲）學（学）聽（听）讀（读）後（后）義（义）

第二課

午飯時　天氣熱
黑雲起
大雨至
電光閃閃
雷聲隆隆

繁与简

飯（饭）　時（时）　氣（气）　熱（热）　雲（云）　電（电）　閃（闪）　聲（声）

第三課

荷花上 有蜻蜓

兩目 六足 四翅

身有節 能屈曲

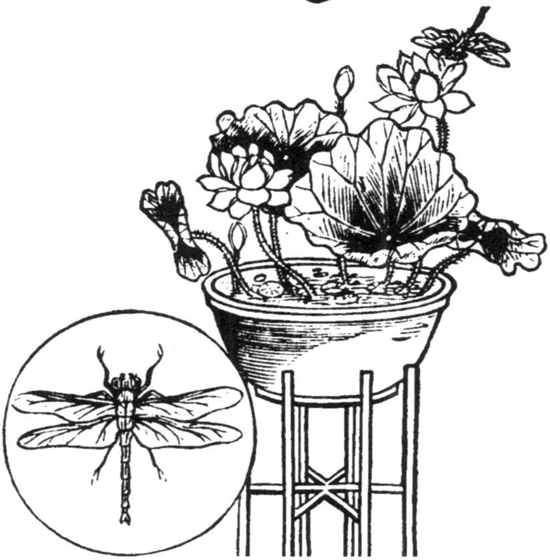

繁与简

兩（两）

節（节）

第四課

明月將出
蟲聲四起
時高時低
時遠時近
其聲不一

繁与简
將（将）
蟲（虫）
聲（声）
時（时）
遠（远）

第五課

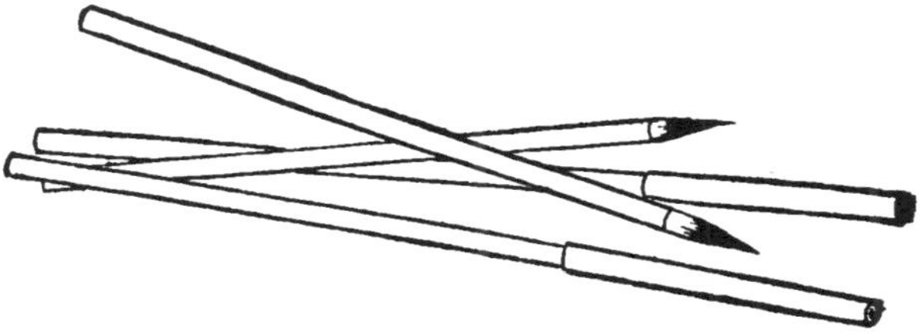

羊毛鼬毛

皆可製筆

寫大字用大筆

寫小字用小筆

繁与简

製（制） 筆（笔） 寫（写）

第六課

頭宜常沐
身宜常浴
髮宜常梳
牙宜常刷
衣宜常洗

繁与简

頭（头）
髮（发）

第七課

秋日新晴
羣雁南來
高飛天空
或如一字
或如人字

繁与简
羣（群）
來（来）
飛（飞）

第八課

園中花　先後開

桃花紅

李花白

桂花黃

菊有多種　顏色不同

繁与简

園（园）　後（后）　開（开）　紅（红）　種（种）　顏（颜）

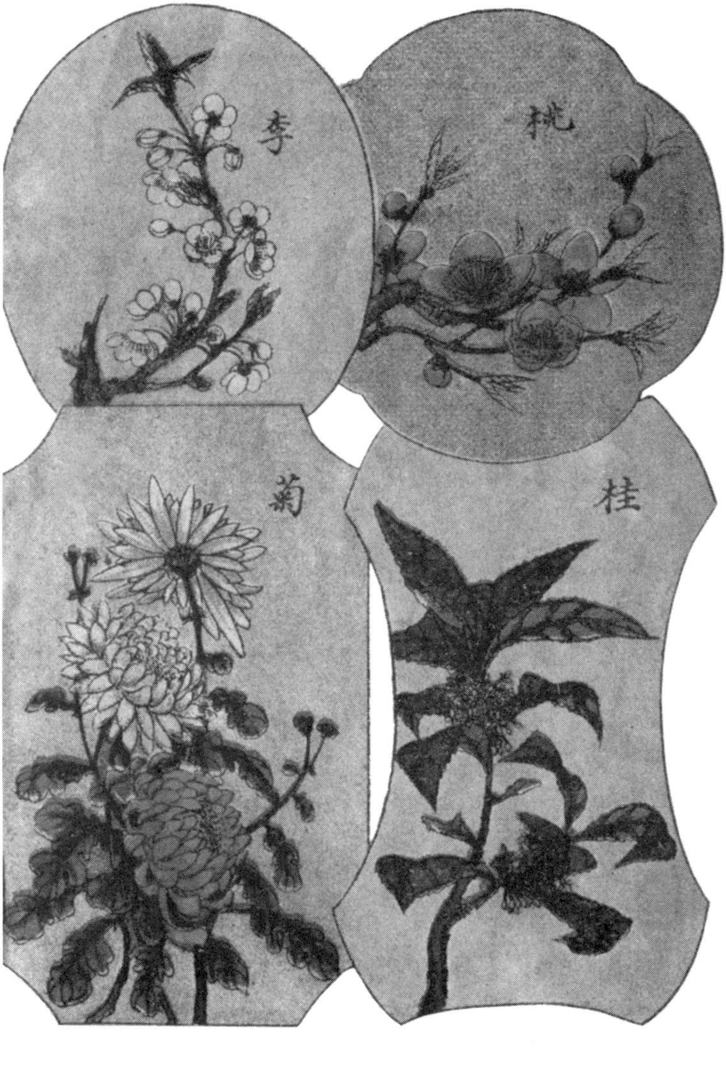
李
桃
菊
桂

第九課

小弟弟
在母懷
見姊來
伸手向姊
姊抱弟弟
窗前徐步

繁与简
懷（怀）
見（见）
來（来）

第十課

梧桐兩株

枝高葉大

霜降後

葉漸黃

西風吹來

落葉滿階

繁与简

兩（两）葉（叶）後（后）漸（渐）風（风）來（来）滿（满）階（阶）

第十一課

夜臥有牀
牀上懸帳
枕與席
被與褥
俱在帳中

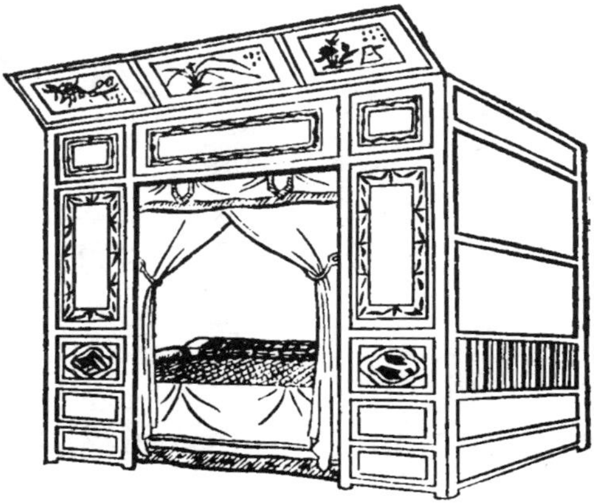

繁与简

牀（床）
懸（悬）
帳（帐）
與（与）

第十二課

一幼女
剪彩紙
削竹籤
製為風車
風吹車動
旋轉不已

繁与简

紙（纸）籤（签）製（制）爲（为）風（风）車（车）動（动）轉（转）

第十三課

雨初止　天氣晴

一獵人　騎白馬

出城去　手擎槍

向空中　擊飛鳥

繁与简

氣（气）　獵（猎）　騎（骑）　馬（马）　槍（枪）　擊（击）　飛（飞）　鳥（鸟）

第十四課

東西鄰
兩學生
一姓張
一姓王
早餐後
同入學
功課畢
同還家

繁与简
東（东） 鄰（邻） 兩（两） 學（学） 張（张） 後（后） 課（课） 畢（毕） 還（还）

第十五課

春夏秋冬　是為四季

春去夏來

夏去秋來

秋去冬來

天氣各異

繁与简

爲（为）　來（来）　氣（气）　異（异）

第十六課

有農夫　住山下

編茅為屋　編竹為籬

日初升　荷鋤出

日將落　荷鋤歸

繁与简

農（农）編（编）爲（为）籬（篱）鋤（锄）將（将）歸（归）

第十七課

雞有雌雄
雄雞能鳴
羽毛甚美
雌雞能生卵
又能伏雛

繁与简
雞（鸡）
鳴（鸣）
雛（雏）

第十八課

河畔有鴨數十成羣頭大嘴扁頸長足有蹼或游水中或行岸上

繁与简

鴨（鸭）數（数）羣（群）頭（头）頸（颈）

第十九課

取火燃燭

光照四壁

人在燭旁

壁上有影

人坐　影亦坐

人行　影亦行

繁与简

燭（烛）

第二十課

小學生
集操場
分排兩隊
同習體操
先生發令
曰行則行
曰止則止

繁与简

學（学） 場（场） 兩（两） 隊（队） 習（习） 體（体） 發（发） 則（则）

第二十一課

雨將晴

河水清

兩漁翁

鬚眉皆白

披蓑衣 戴箬帽

同坐岸上 張網捕魚

繁与简

將（将） 兩（两） 漁（渔） 鬚（须） 張（张） 網（网） 魚（鱼）

第二十二課

竹几上

有針 有線

有尺 有剪刀

我母親

坐几前

取針穿線 為我縫衣

繁与简

針（针） 線（线） 親（亲） 爲（为） 縫（缝）

第二十三課

牛力大
能耕田
能挽車
其肉可食
其乳可飲
其角與皮
皆可製器

繁与简
車（车） 飲（饮） 與（与） 製（制）

第二十五課

天方明
披衣下牀
梳洗完
至窗前
取帚拂塵
取布拭几

人已醒
日光滿窗

繁与简

牀（床）
滿（满）
塵（尘）

第二十六課

一隊長
執刀前行
數小兵
擎槍後隨

繁与简
隊（队）
長（长）
執（执）
數（数）
槍（枪）
後（后）
隨（随）

第二十六課

列隊出

旗影飄飄

開步走

鼓聲鼕鼕

繁与简

隊（队）　飄（飘）　開（开）　聲（声）　鼕（冬）

第二十七課

座上客

遠方來

父陪客

食午飯

飯後出門

與客閒眺

前有青山

旁有流水

繁与简

遠（远） 來（来） 飯（饭） 後（后） 門（门） 與（与） 閒（闲）

第二十八課

北風起　大雪飛
登樓遠望
一片白色
雪止日出
檐溜成冰
其形如箸

繁与简
風（风）飛（飞）樓（楼）遠（远）

第二十九課

口有脣有齒
脣在外　其色赤
齒在內　其色白
飲食從口入
言語從口出

繁与简

脣（唇）
齒（齿）
飲（饮）
從（从）
語（语）

第三十課

一童子　坐河旁

手持小竿

繫餌釣魚

水中魚

來吞餌

釣絲一動　舉竿得魚

繁与简

繫（系）餌（饵）釣（钓）魚（鱼）來（来）絲（丝）動（动）舉（举）

第三十一課

鼠比貓小
鼠見貓
匿穴中
貓不能入
貓見犬
登屋頂

貓比犬小

犬不能上

繁与简
貓（猫）
見（见）
頂（顶）

第三十二課

小池塘

春時水深

冬時水淺

兩女子 在池畔

以桶汲水

以杵擣衣

繁与简

時（时） 淺（浅） 兩（两） 擣（捣）

第三十三課

曠野結營
築土爲牆
杆頭大旗
隨風飄動
營門外 有兩兵
手中持槍 分立左右

繁与简

曠（旷） 結（结） 營（营） 築（筑） 爲（为） 牆（墙） 頭（头） 隨（随） 風（风） 飄（飘） 動（动） 門（门） 兩（两） 槍（枪）

第三十四課

古時兵器 有戈矛 有刀劍 有弓箭 近時兵器 多用槍礮 能及遠 能攻堅

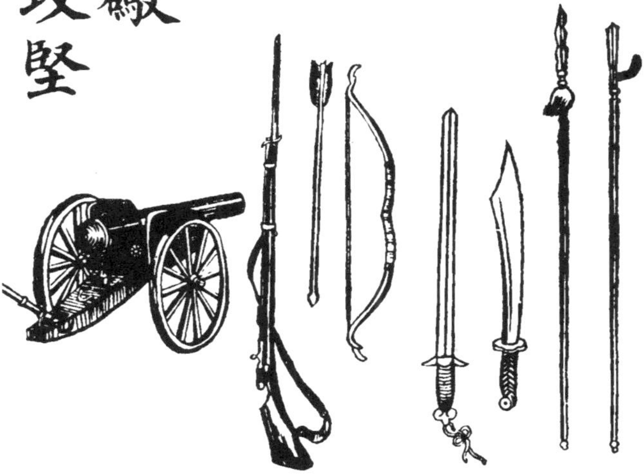

繁与简

時（时） 劍（剑） 槍（枪） 礮（炮） 遠（远） 堅（坚）

第三十五課

我長兄　在他鄉
年年作客　久未歸家
我居家中　思兄無已
寫信一封　問兄安否

繁与简
長（长）　鄉（乡）　歸（归）　無（无）　寫（写）　問（问）

第三十六課

小園中 梅花開 我折兩枝 插瓶中 置案上 時時入鼻 瓶中花香

繁与简

園（园） 開（开） 兩（两） 時（时）

第三十七課

書檯上　墨一錠
硯一方　紙數張
墨色黑　紙色白
磨墨蘸筆　紙上寫字
黑白分明

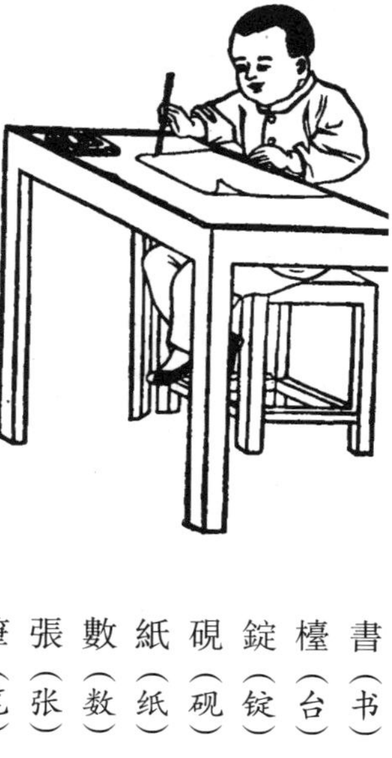

繁与简

書（书）　檯（台）　錠（锭）　硯（砚）　紙（纸）　數（数）　張（张）　筆（笔）　寫（写）

第三十八課

河中兩舟　一去一來　去舟風順　桅上掛帆　其行速　來舟風逆　以槳撥水　其行緩

繁与简

兩（两）來（来）風（风）順（顺）掛（挂）槳（桨）撥（拨）緩（缓）

第三十九課

小閣一間
四面皆窗
可以透光
可以通風
我來閣上
籠中鸚鵡
獨坐窗前
對我學語

繁与简

閣（阁） 間（间） 風（风） 來（来） 獨（独） 籠（笼） 鸚（鹦） 鵡（鹉） 對（对） 學（学） 語（语）

第四十課

衣有長短　有大小

綢布呢絨　皆可為衣

綢衣美　絨衣暖

尋常衣服

呢布最宜

繁与简

長（长）
綢（绸）
絨（绒）
爲（为）
尋（寻）

第四十一課

好童子 能作事 朝起 自著衣履 夜眠 自鋪被褥 當食 自取盌箸 入學校 又能勤讀

繁与简

鋪（铺） 當（当） 盌（碗） 學（学） 讀（读）

第四十二課

廣場中 鑼聲起 羣兒往觀 一小猴 披紅衣 戴假面 騎羊背上 東西往來 狀如走馬

繁与简

廣（广） 場（场） 鑼（锣） 聲（声） 羣（群） 兒（儿） 觀（观） 紅（红） 騎（骑） 東（东） 來（来） 狀（状） 馬（马）

第四十三課

天曉日出
室中大明
有人早起
獨立廊下
仰視天空
浮雲來去
紅日漸高
雲散天青

繁与简

曉（晓）
獨（独）
視（视）
雲（云）
來（来）
紅（红）
漸（渐）

第四十课

學生競走
數人列隊
先生執小旗
舉手一揮
學生奮力前行
一人先至
衆皆拍手

繁与简

學（学）競（竞）數（数）隊（队）執（执）舉（举）揮（挥）奮（奋）衆（众）

第四十五課

大門開
兩客來
一老一少
我問客姓
客問我名

繁与简

門（门）
開（开）
兩（两）
來（来）
問（问）

第四十五課

請客入
坐室中
我立几側
捧茶敬客

繁与简
請（请）
側（侧）

第四十六課

宅後有園
疊石爲山
山上築亭
山下種樹
姊姊妹妹
攜手同遊
妹登山
立亭中
遙呼姊來

繁与简

後（后） 園（园） 疊（叠） 爲（为） 築（筑） 種（种） 樹（树） 攜（携） 遊（游） 來（来）

第四十七課

鼠 耳大 尾長 嘴尖 齒甚鋭 能囓物 常居穴中 晝伏夜出 既畏人 尤畏貓 畜貓捕鼠 鼠害可免

繁与简

長（长） 齒（齿） 鋭（锐） 嚙（啮） 晝（昼） 貓（猫）

第四十八課

池中養魚

一兒立池畔

魚見人影

游入水底

兒持餅投水面

羣魚皆出　爭食不已

繁与简

養（养）　魚（鱼）　兒（儿）　見（见）　餅（饼）　羣（群）

第四十九課

種竹成林　每至春時
林中生筍
筍初出土　其端甚銳
其外有籜　及長
籜解葉生
遂成新竹

繁与简
種（种）
時（时）
筍（笋）
銳（锐）
籜（箨）
長（长）
葉（叶）

第五十課

鞦韆架

高丈餘

柱上架梁

梁上懸繩

繩端繫小板

人立板上　兩手握繩

漸盪漸高　空中往還

繁与简

鞦（秋）　韆（千）　餘（余）　懸（悬）　繩（绳）　繫（系）　兩（两）　漸（渐）　盪（荡）　還（还）

第三册

第一課　讀書

學生入校。先生曰、「汝來何事。」學生曰、「奉父母之命、來此讀書。」先生曰、「善。」人不讀書、不能成人。」

繁与简
讀（读）
書（书）
學（学）
來（来）

第二課 禽獸

禽獸之屬。飢知食。渴知飲。又能營巢穴。以避風雨。其奇者。能效人言。惟不能讀書。故其知識終不如人。

第三課 燕子

繁与简

獸（兽） 屬（属） 飢（饥） 飲（饮） 營（营） 風（风） 讀（读） 書（书） 識（识） 終（终）

第四課　擊毬

「燕子。汝又來乎。舊巢破。不可居。銜泥銜草。重築新巢。燕子。待汝巢成。吾當賀汝。」

繁与简

來（来）舊（旧）銜（衔）築（筑）當（当）賀（贺）擊（击）毬（球）

馮兒善擊毬。欲高則高。欲低則低。進退俯仰，可連擊數百次。又能向壁橫擊之，不落地上。

繁与简

馮（冯）兒（儿）擊（击）毬（球）則（则）進（进）連（连）數（数）

第五課　文彥博

文彥博少時。與羣兒擊毬。毬忽躍入樹穴。羣兒謀取之。穴深。不能得。彥博以盆

繁与简

時（时）　與（与）　羣（群）　兒（儿）　擊（击）　毬（球）　躍（跃）　樹（树）　謀（谋）

取水、灌入穴中。毬遂浮出。

第六課　松

松、大樹也。葉狀如針。性耐冷、雖至冬日、其色常青。幹

繁与简

樹（树）　葉（叶）　狀（状）　針（针）　雖（虽）　幹（干）

長而巨。可以造橋。可以造屋。

第七課　茶

茶樹生山間。高數尺。春時。採其嫩葉。焙乾之。用以泡茶。味清而香。飲之。可以解渴。

繁与简

長（长）　橋（桥）　樹（树）　間（间）　數（数）　時（时）　採（采）　葉（叶）　乾（干）　飲（饮）

第八課 採桑

種桑數畝，春日發芽，芽漸大而成葉。農家婦女，攜剪刀與筐，同往採桑，以為飼蠶之用。

繁与简

採（采） 種（种） 數（数） 畝（亩） 發（发） 漸（渐） 葉（叶） 農（农） 婦（妇） 攜（携） 與（与） 爲（为） 飼（饲） 蠶（蚕）

第九课 指甲

手有五指。指端有甲。甲过长。则作事不便。又易藏垢。故宜常剪之。

第十课 灑掃

房屋之中。汙穢日積。不宜居人。

繁与简

過（过） 長（长） 則（则） 灑（洒） 掃（扫） 汙（污） 穢（秽） 積（积）

故每日早起。必用帚掃地。掃時先以水灑之。則灰塵不揚。

第十一課 蒼蠅

兒獨坐觀書。蒼蠅羣飛。驅之復至。甚厭之。明日。以告先生。先生曰。「室中不

繁与简

灑（洒） 掃（扫） 則（则） 塵（尘） 揚（扬） 蒼（苍） 蠅（蝇） 兒（儿） 獨（独） 觀（观） 書（书） 羣（群） 飛（飞） 驅（驱） 復（复） 厭（厌）

潔。則蒼蠅來集。汝能勤灑掃。使無垢穢。則蠅自少矣。」

第十二課 帽

帽。所以護腦。四時皆用之。天暑時。多用草帽。天

繁与简

潔（洁） 則（则） 灑（洒） 掃（扫） 無（无） 穢（秽） 禮（礼） 緞（缎） 護（护） 腦（脑） 時（时）

寒時、多用呢帽、或以緞、布為之。

第十三課　衣

莊兒將入學、母曰、「兒尚著棉衣、不覺熱乎。人之衣服、因寒暑而異、今日天熱、可易夾衣。」兒曰、「諾。」遂易衣而出。

繁与简

緞（缎）　爲（为）　莊（庄）　兒（儿）　將（将）　學（学）　覺（觉）　熱（热）　異（异）　諾（诺）

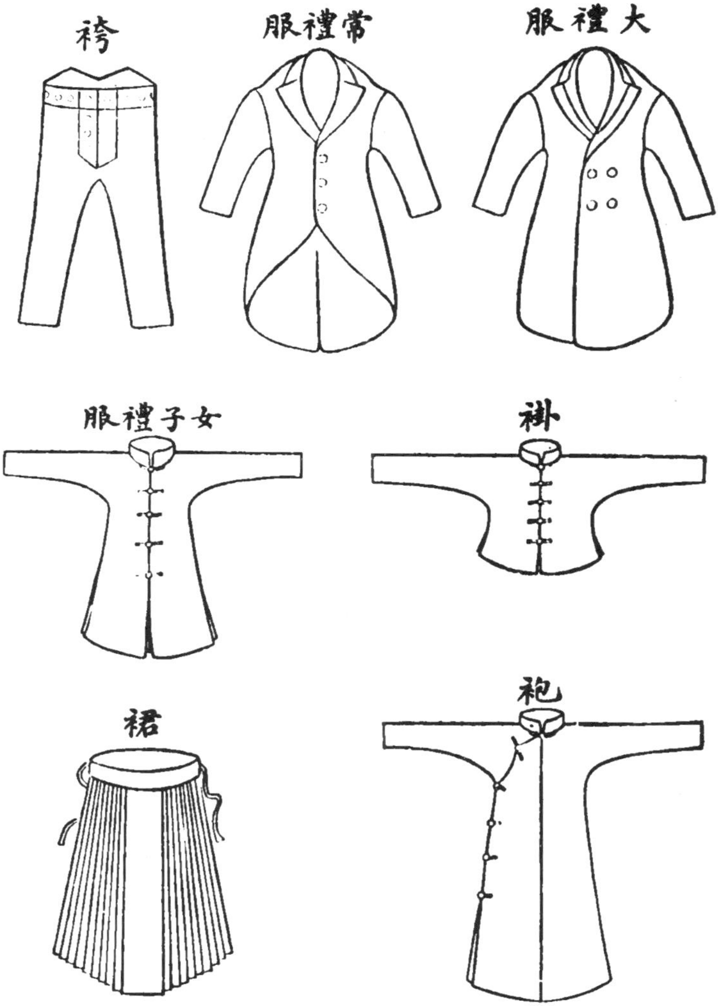

繁与简

禮（礼）

第十四課　七曜日

七曜日者．曰日曜．曰月曜．曰火曜．曰水曜．曰木曜．曰金曜．曰土曜．謂之一週。每遇日曜之日．學校皆放假。

第十五課　司馬光

繁与简

謂（谓）　週（周）　學（学）　馬（马）

司馬光幼時。與羣兒戲於庭前。有一兒。誤墮水缸中。羣兒狂叫。皆驚走。光俯取石。急擊缸。缸破水流。兒得不死。

繁与简

時（时）與（与）羣（群）兒（儿）戲（戏）於（于）墮（堕）驚（惊）擊（击）

第十六課　兵隊之戲

温課已畢。弟謂兄曰、「吾輩可遊戲乎。」兄曰、「弟欲何戲。」弟曰、「吾輩有竹刀、木槍、習

繁与简

隊（队）　戲（戏）　課（课）　畢（毕）　謂（谓）　輩（辈）　遊（游）　槍（枪）　習（习）

為兵隊可乎。」兄曰。「可。」遂率諸弟。為兵隊之戲。

第十七課 簾

簾之為用。可以隔內外。阻灰塵。夏時炎熱。用簾以蔽日。冬時嚴寒。用簾以

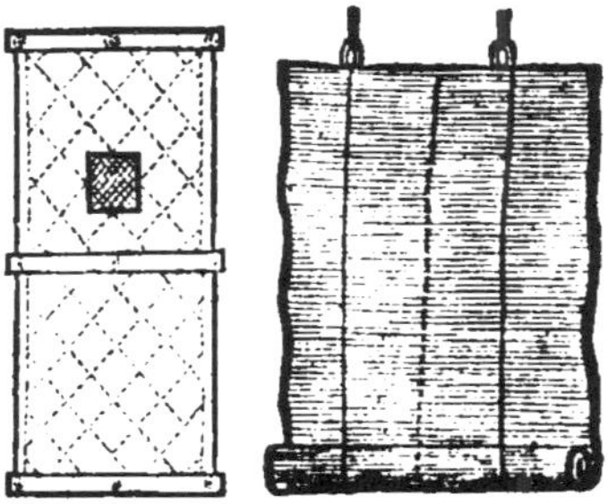

繁与简

爲（为） 諸（诸） 簾（帘） 塵（尘） 時（时） 熱（热） 嚴（严）

禦風。故門。戶。窗牖。皆可用簾。

第十八課　蟻鬬

蟻居穴中。性好鬬。一日。黃蟻黑蟻。成羣而出。列陣於階前。各據一方。蟻王率之。羣蟻皆奮鬬。至死不退。

繁与简

禦（御）
風（风）
蟻（蚁）
鬬（斗）
羣（群）
陣（阵）
階（阶）
據（据）
奮（奋）

第十九課　蜘蛛結網

蜘蛛在檐下結網。既成。一蜻蜓飛過。誤觸網中。小兒見之。持竿挑網。網破。蜻蜓飛去。

第二十課　打麥

繁与简

結（结）網（网）飛（飞）過（过）誤（误）觸（触）兒（儿）見（见）麥（麦）

麥有多種•大麥先熟•小麥後熟。熟時•持鐮刀割之•曬於場中。既乾•農夫農婦•入場打麥。

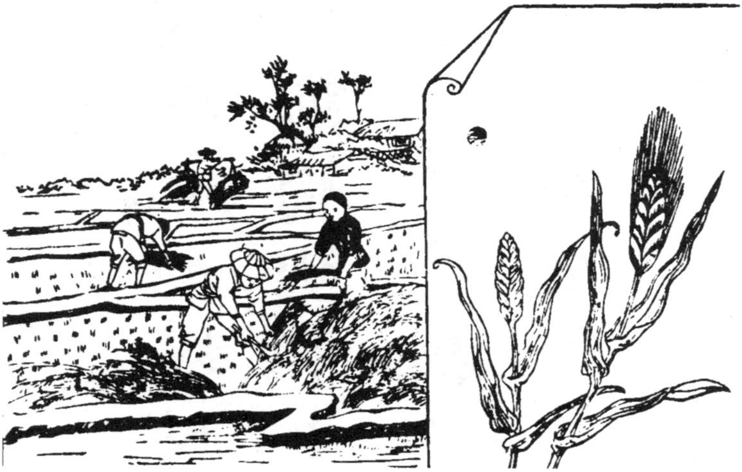

繁与简

種（种） 後（后） 時（时） 鐮（镰） 曬（晒） 於（于） 場（场） 乾（干） 農（农） 婦（妇）

第二十一課

紅日將下、打麥已完。小雀一羣、紛集場上、覓食餘粒。數童子立門前、拍手噪逐

逐雀

繁与简

紅（红）　將（将）　麥（麦）　羣（群）　紛（纷）　場（场）　覓（觅）　餘（余）　數（数）　門（门）

之。雀聞人聲，散入林中。

第二十二課 母雞

母雞孵卵，數週成雛。隨母出行，未嘗遠離。母雞每得食，必先喚其雛。若遇貓，犬，盡力護之。與父母之愛子無異。

繁与简

聞（闻） 聲（声） 雞（鸡） 數（数） 週（周） 雛（雏） 隨（随） 嘗（尝） 遠（远） 離（离） 貓（猫） 盡（尽） 護（护） 與（与） 愛（爱） 無（无） 異（异）

第二十三课 孝親

朱兒事親孝。每得食物，必以奉母。一日，至姑家。姑給以果餌。兒不食。姑問故。對曰，「將攜歸奉母也。」

第二十四課 勿貪多

繁与简

親（亲） 兒（儿） 給（给） 餌（饵） 問（问） 對（对） 將（将） 攜（携） 歸（归） 貪（贪）

瓶中有果。兒伸手入瓶，取之滿握。拳不能出。手痛心急，大哭。母曰，「汝勿貪多，則拳可出矣。」

繁与简

兒（儿）　滿（满）　則（则）

第二十五課　櫻桃

羣兒遊園中。櫻桃已熟。形圓而色紅。兒採數枚。與弟妹分食之。核小漿多。其味極甜。

第二十六課　張元

繁与简

櫻（樱）羣（群）兒（儿）遊（游）園（园）圓（圆）紅（红）採（采）數（数）與（与）漿（浆）極（极）張（张）

張元南鄰。有二杏樹。杏熟。多墜元園中。羣兒欲取食之。元獨不可。羣兒問其故。元曰。「是鄰家之果。非我所宜取也。」乃與羣兒收果。送還鄰家。

第二十七課 教弟

繁与简

鄰（邻） 樹（树） 墜（坠） 園（园） 羣（群） 兒（儿） 獨（独） 問（问） 與（与） 還（还）

兄弟讀書．弟年尚稚．好遊戲。每晚間．兄招弟．同坐温課。弟有不知者．兄必詳為解釋。久之．弟亦自知勤學矣．

繁与简

讀（读）
書（书）
遊（游）
戲（戏）
間（间）
課（课）
詳（详）
爲（为）
釋（释）
學（学）

第二十八課　不倒翁

不倒翁。狀似老人。頭大。身短。鬚長。髮禿。耳。目。口。鼻皆全。上輕下重。以手推之。隨倒隨起。

第二十九課　織錦女

繁与简

狀（状）　頭（头）　鬚（须）　長（长）　髮（发）　輕（轻）　隨（随）　織（织）　錦（锦）

趙達之妹、善畫工織。嘗以綵絲織錦、大者盈尺、小者方寸。錦上有紋、為龍鳳之狀。

繁与简

趙（赵）達（达）畫（画）織（织）嘗（尝）綵（彩）絲（丝）錦（锦）紋（纹）爲（为）龍（龙）鳳（凤）狀（状）

第三十課 插秧

大雨如注。田水驟滿。既晴。數農夫。頭戴笠。入田插秧。秧針出水。長

繁与简

驟（骤） 滿（满） 數（数） 農（农） 頭（头） 針（针） 長（长）

二三寸、分列成行。

第三十一課　水

飲食之水、或取於河、或取於井。水有清濁。濁者多汙物、又有小蟲。飲之、易致病。故烹茶煮飯、宜用清水。

繁与简

飲（饮）　於（于）　濁（浊）　汙（污）　蟲（虫）　飯（饭）

第三十二課　火

養生之事．不可一日無火。燈與燭．非火不明。飯與菜．非火不熟。天寒之日．燒炭爐中．又可藉以禦寒。

第三十三課　勿戲火

繁与简

養（养）　無（无）　燈（灯）　與（与）　燭（烛）　飯（饭）　燒（烧）　爐（炉）　藉（借）　禦（御）　戲（戏）

杜兒持紙．向火為戲。母見之．曰．「火能燃物。偶不慎．小則灼肌膚．大則焚房屋．不可戲也」。兒自是不復戲火。

繁与简

兒（儿）紙（纸）爲（为）戲（戏）見（见）則（则）膚（肤）復（复）

第三十四課　梁兒

梁兒喜誑語。偶持釣竿．獨遊池畔。失足墮水．大呼求救。人皆以爲誑．不應。及聞哭聲．急往視之．則梁兒衣盡溼矣。

第三十五課　鸚鵡

繁与简

兒（儿）誑（诳）語（语）釣（钓）獨（独）遊（游）墮（堕）爲（为）應（应）聞（闻）聲（声）視（视）則（则）盡（尽）溼（湿）鸚（鹦）鵡（鹉）

架上鸚鵡。白毛紅嘴。時學人言。有貓緣柱而上。舉爪將攫之。鸚鵡驚呼曰。「貓來貓來。」童子聞聲趨至。貓急遁去。

繁与简

紅（红） 時（时） 學（学） 貓（猫） 緣（缘） 舉（举） 將（将） 驚（惊） 聞（闻） 聲（声） 趨（趋）

第三十六課　蝴蝶

園花盛開。花上有蝴蝶、六足、四翅、色甚美。妹舉扇將撲之。姊曰、「蝴蝶之翅有粉、能傷目、不可撲也。」妹從之。

繁与简

園（园）　開（开）　舉（举）　將（将）　撲（扑）　傷（伤）　從（从）

第三十七课 借伞

兄弟自校中归。路遇大雨。衣尽湿。适经舅家。敲门借伞。舅见之。急携入室。曰「湿衣在身。将生

繁与简

伞（伞） 归（归） 尽（尽） 湿（湿） 适（适） 经（经） 门（门） 见（见） 携（携） 将（将）

疾病。取衣令易之。

第三十八課　路遇先生

余兒行路中．遇先生。鞠躬行禮．正立路旁。先生有命．兒敬聽之。先生有問．又敬答之。俟先生去．然後行。人皆稱爲知禮。

繁与简

兒（儿）禮（礼）聽（听）問（问）後（后）稱（称）爲（为）

第三十九課　勤學

謝生初至校、每日功課、不能及人、心恥之。乃益勤學、雖遇日曜日、温習不輟。及考試時、謝生功課最熟、師大獎之。

第四十課　貫易

繁与简

學（学）　謝（谢）　課（课）　恥（耻）　雖（虽）　習（习）　輟（辍）　試（试）　時（时）　師（师）　獎（奖）　貫（贯）

賈易七歲喪父。其母彭氏．紡織以自養。令易入學讀書。有時與以錢．為果餌之費。易不忍用．積得百錢．仍以還母。

繁与简

歲（岁）喪（丧）紡（纺）織（织）養（养）學（学）讀（读）書（书）時（时）與（与）錢（钱）爲（为）餌（饵）費（费）積（积）還（还）

第四十一課　撲滿

撲滿、形圓而畧扁。上有孔、錢由孔入、不能復出。既滿、則撲而碎之、取其錢。故曰撲滿。

第四十二課　方向

繁与简

撲（扑）　滿（满）　圓（圆）　畧（略）　錢（钱）　復（复）

清晨、祖攜孫出門。祖曰、「爾知方向乎。日出於東、沒於西。今爾向日而行、是為東方。背後為西。右

繁与简

攜（携） 孫（孙） 門（门） 爾（尔） 於（于） 東（东） 爲（为） 後（后）

手為南。左手為北。故視日之出沒。可以辨四方也。

第四十三課

人影

明月在天。兒行廊下。若有人躡

繁与简

視（视）兒（儿）躡（蹑）

其後。大懼．奔告其姊。姊曰．「此汝身之影也。汝立燈前．行日下．皆有影．豈忘之耶」。兒乃悟。

第四十四課 燈

譚兒將臥．指燈而言曰．「汝夜夜照我讀書．其我之好友乎。時已

繁与简

後（后） 懼（惧） 燈（灯） 豈（岂） 兒（儿） 譚（谭） 將（将） 讀（读） 書（书） 時（时）

晚。汝我皆宜休息矣。乃熄燈而睡。

第四十五課 乘涼

晚餐之後。涼風入户。母偕女。院中乘涼。母講故事。女在旁聽之。手揮小扇。爲母驅蚊。樂而忘倦。

繁与简

燈（灯） 涼（凉） 後（后） 風（风） 講（讲） 聽（听） 揮（挥） 爲（为） 驅（驱） 樂（乐）

第四十六課　螢

螢．飛蟲也．生於卑溼之地。腹後有光。晚間．常見水邊草際．微光閃爍．去來無定．即螢光也．

第四十七課　蚊

繁与简

螢（萤）飛（飞）蟲（虫）於（于）溼（湿）後（后）間（间）見（见）邊（边）際（际）閃（闪）爍（烁）來（来）無（无）

汙水中有孑孓、化爲蚊。喙甚銳、刺入人膚、吸血而食之。日間畏光、常集於暗處。天將晚、則成羣飛出、其聲嗡嗡。

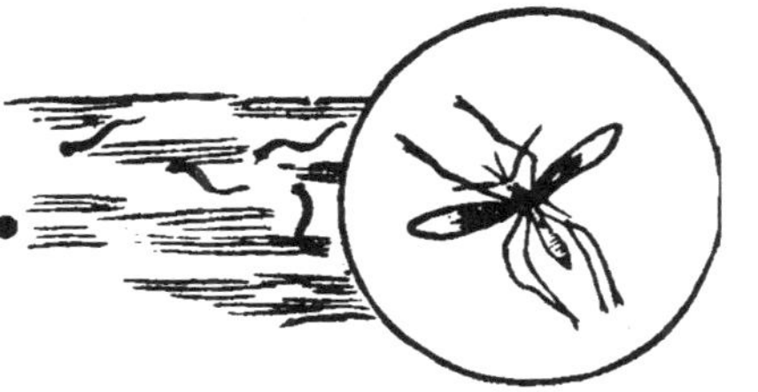

第四十八課　食瓜

繁与简

汙（污）　爲（为）　銳（锐）　膚（肤）　間（间）　於（于）　處（处）　將（将）　則（则）　羣（群）　飛（飞）　聲（声）

楊兒放學回。天熱、行甚急。汗流口渴。見案上有西瓜、剖食過半。有頃、腹脹而痛。母曰、「兒食瓜過多、所以病也。後當慎之。」

繁与简

楊（杨）兒（儿）學（学）熱（热）見（见）過（过）頃（顷）脹（胀）後（后）當（当）

第四十九課　荷

池中種荷。夏日開花。或紅或白。荷梗直立。荷葉形圓。莖橫泥中。其名曰藕。藕有

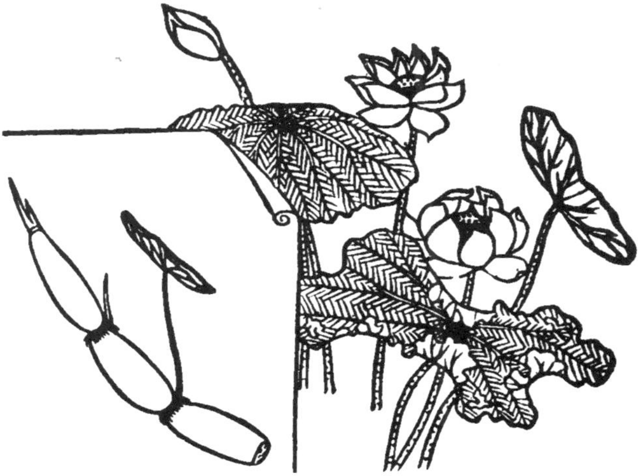

繁与简

種（种）　開（开）　紅（红）　葉（叶）　圓（圆）　莖（茎）

節、中有孔、斷之有絲。

第五十課　藕粉

擣藕於臼中。以布濾其汁。及其澄清、取下沈之粉、曬乾之、可以久藏不壞。食時、和以糖、取沸水冲之。

繁与简

節（节）　斷（断）　絲（丝）　擣（捣）　於（于）　濾（滤）　沈（沉）　曬（晒）　乾（干）　壞（坏）

第四册

第三課 蟋蟀

秋夜。有蟋蟀鳴於牆下。弟問姊曰。「蟋蟀口小。鳴聲頗大。何也。」姊曰。「蟋蟀有四翅。振翅發聲。非以口鳴也。」

第四課 貪食之蠅

繁与简

鳴（鸣） 於（于） 牆（墙） 問（问） 聲（声） 頗（颇） 發（发） 貪（贪） 蠅（蝇）

瓷缸貯蜜。羣蠅咸集。一蠅貪食不已。足爲蜜膠。不能脫。羣蠅見之。皆飛去。貪食之蠅。遂死蜜中。

第五課 桂

繁与简

貯（贮）羣（群）爲（为）膠（胶）見（见）飛（飞）

庭中種桂。其葉常綠。秋時開花。或深黃。或淡黃。每遇微風。濃香撲鼻。人咸愛之。花落。取以和糖。貯於瓶中。雖歷久而香甚烈。

繁与简

種（种）葉（叶）緑（绿）時（时）開（开）風（风）濃（浓）撲（扑）愛（爱）貯（贮）於（于）雖（虽）歷（历）

第六課　黃豆

黃豆。莖高數尺。開白花。莢長寸餘。含豆二三。其初色青。後漸黃。爲用最大。或榨油。或造醬。所餘

繁与简

莖（茎）數（数）開（开）莢（荚）長（长）餘（馀）後（后）漸（渐）爲（为）醬（酱）

渣滓、既可飼畜、又可肥田。

第七課　愛弟

丁生有弟、甚愛之。一日、弟疾、臥牀不能起。丁生暇時、輒坐牀前。爲弟講故事、唱歌曲、以解其悶。及疾愈、始已。

繁与简

飼（饲）　愛（爱）　牀（床）　時（时）　輒（辄）　爲（为）　講（讲）　悶（闷）

第八課　陪客

鈕兒在家，有客訪其父。父適他往。兒邀客入，請客上坐，己在下位陪之。客有問，則謹答之。客去，兒送至門

繁与简

鈕（钮）
兒（儿）
訪（访）
適（适）
請（请）
問（问）
則（则）
謹（谨）
門（门）

外。及父歸、以客所言、告之於父

第九課　畫竹

窗外修竹幾竿、紅日初上、竹影滿窗。一女坐窗前、取素紙、鋪案上。濡筆和墨、畫竹一枝。黏於壁間、母見之、稱其能。

繁与简

歸（归）於（于）畫（画）幾（几）紅（红）滿（满）紙（纸）鋪（铺）筆（笔）間（间）見（见）稱（称）

第十課　採菱

小村旁、有菱塘。廣約十畝、塘水澄清。夏秋之間、菱初熟、浮於水上、或青或紅。村中女子、邀鄰

繁与简

採（采）　廣（广）　約（约）　畝（亩）　間（间）　於（于）　紅（红）　鄰（邻）

伴、划小舟、同往採菱。

第十一課 湖

四面陸地、水瀦其中、小者曰池、大者曰湖。湖水深闊、巨舟可以往來。水中產魚、蝦、多菱、藕。而灌田尤便。故湖濱之田、收穫恆豐。

繁与简

陸（陆） 瀦（潴） 闊（阔） 來（来） 産（产） 魚（鱼） 蝦（虾） 濱（滨） 穫（获） 恆（恒） 豐（丰）

第十二課　山

地面有山、或一峯獨立、聳入雲際。或數峯相連、千里不絕。山之大者、草、木生之、禽、獸居之。而金、玉、煤、鐵之屬、又產於其中。誠無窮之利也。

繁与简

峯（峰）　獨（独）　聳（耸）　雲（云）　際（际）　數（数）　連（连）　絕（绝）　獸（兽）　鐵（铁）　屬（属）　產（产）　於（于）　誠（诚）　無（无）　窮（穷）

第十三课 獸

獸有二種。其居山野間者。曰野獸。其爲人所豢養者。曰家畜。家畜性馴。可任勞力。供食品。野獸凶暴。能爲人害。然獵者捕之。食其肉。或取其皮。毛。骨。角。以爲

繁与简

獸（兽） 種（种） 間（间） 爲（为） 養（养） 馴（驯） 勞（劳） 獵（猎）

器服之用。

第十四課 獅

獅。野獸也。雄者狀甚猛。爪如鉤。牙如鋸。目光炯炯如電。頭有毛。如披髮。其

繁与简

獅（狮）
獸（兽）
狀（状）
鉤（钩）
鋸（锯）
電（电）
頭（头）
髮（发）

力最大、能食虎豹。

第十五課　誠實童子

賣柑者擔筐入市、數柑墜於地。一童子在後見之、急拾柑以還賣柑者。賣柑者曰、「童子誠實、可

繁与简

誠（诚）　實（实）　賣（卖）　擔（担）　數（数）　墜（坠）　於（于）　後（后）　見（见）　還（还）

嘉也。」取二柑報之。童子不受。

第十六課　果園

吾家有園，徧種果樹。培壅甚勤。一年之間，先後開花。花落，結為果。纍纍滿樹。及熟。摘而食之，較買諸市中者，味尤鮮美。

繁与简

報（报）　園（园）　徧（遍）　種（种）　樹（树）　間（间）　後（后）　開（开）　結（结）　爲（为）　纍（累）　滿（满）　較（较）　買（买）　諸（诸）　鮮（鲜）

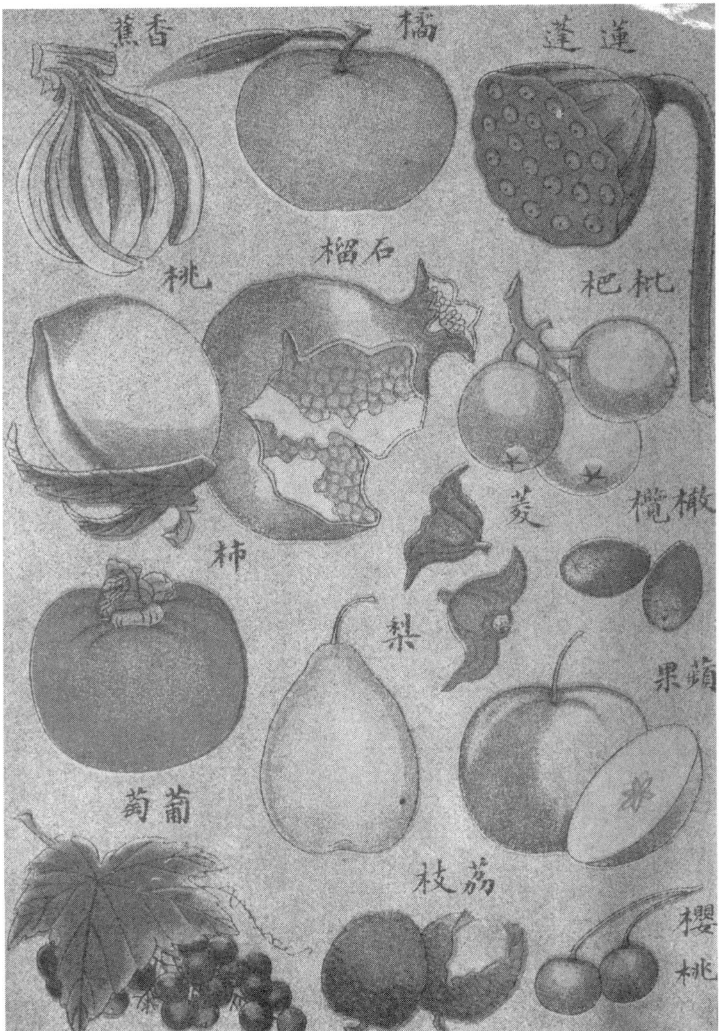

繁与简

蓮（莲）
欖（榄）
蘋（苹）
櫻（樱）

第十七課 菊

菊花盛開、清香四溢。其瓣如絲、如爪。其色或黃、或白、或赭、或紅。種類最多。性耐寒、嚴霜既降、百花零落、惟菊獨盛。

繁与简

開（开） 絲（丝） 紅（红） 種（种） 類（类） 嚴（严） 獨（独）

第十八課　衣食

人之身體。以衣護之。以食養之。衣食不足。即有凍餒之虞。然衣過暖。食過飽。皆足致病。隨氣候而易衣。定時刻而食物。則身體自安。

繁与简

體（体）護（护）養（养）凍（冻）餒（馁）過（过）飽（饱）隨（随）氣（气）時（时）則（则）

第十九課 米

農夫種稻。手足勤勞。歷春夏秋三時。始得粟。又用礱去穀。用臼去糠。始成白米。然後炊之釜中。或為飯。或為粥。食者當知其不易也。

繁与简

農（农） 種（种） 勞（劳） 歷（历） 時（时） 礱（砻） 穀（壳） 後（后） 爲（为） 飯（饭） 當（当）

第二十课 布

布類甚繁。以麻織成者，曰麻布，宜用於夏日。以棉織成者，曰棉布，宜用於冬日。又有雜麻與絲，織成花紋，

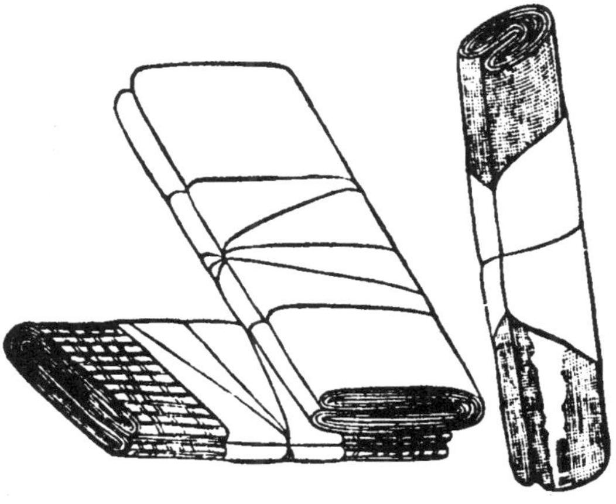

繁与简

類（类） 織（织） 於（于） 雜（杂） 與（与） 絲（丝） 紋（纹）

其光彩類紬緞者、則爲絲布。

第二十一課　潔淨

汪生好潔。髮常梳。身常浴。衣服常浣。室中亦甚潔淨。其友蔡生

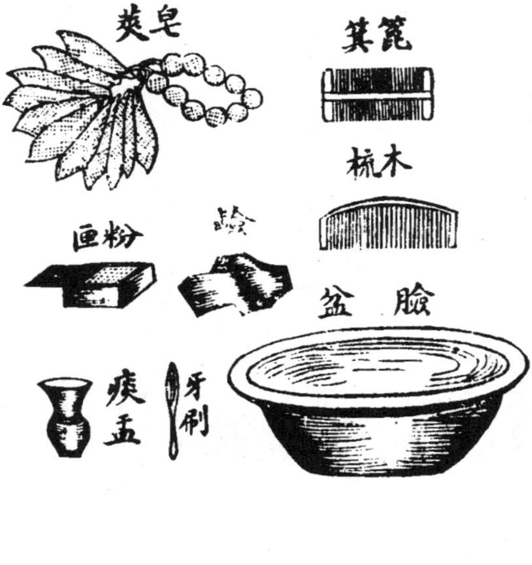

繁与简

紬（绸）　緞（缎）　則（则）　爲（为）　潔（洁）　净（净）　髮（发）　莢（荚）　鹼（硷）　臉（脸）

則否。汪生告之曰。「汙穢不去。則易生病。不可不戒也。」

第二十二課　遊戲

午飯已畢。先生率學生。集於體

繁与简

則（则）　汙（则）　穢（秽）　噴（喷）　壺（壶）　遊（游）　戲（戏）　飯（饭）　畢（毕）　學（学）　於（于）　體（体）

操場。或唱歌。或擊毬。或抽陀螺。隨意遊戲。及聞鈴聲。排班入課堂。無一後至者。

第二十三課 不誤時

清晨。兄整理書包。將往學校。弟曰。「時尚早。盍稍留乎。」兄曰。「修業

繁与简

場（场） 擊（击） 毬（球） 隨（随） 聞（闻） 鈴（铃） 聲（声） 課（课） 無（无） 後（后） 誤（误） 時（时） 書（书） 將（将） 學（学） 業（业）

當有定時。若遲遲不行，必誤上課時刻。」弟曰，「善。」乃與兄偕行。

第二十四課

趙至

趙至之父，以耕為業。至年

繁与简

當（当）　遲（迟）　誤（误）　課（课）　時（时）　與（与）　趙（赵）　爲（为）　業（业）

十三。父令就塾讀書。一日。聞父吒牛聲。掩面而泣。師問故。至曰。「予年少。未能奉養。使老父不免勞苦。故自悲耳。」

第二十五課　親恩

人初生時。飢不能自食。寒不能

繁与简

讀（读）書（书）聞（闻）聲（声）師（师）問（问）養（养）勞（劳）親（亲）時（时）飢（饥）

自衣。父母乳哺之。懷抱之。有疾。則延醫診治。及年稍長。又使入學。其勞苦如此。爲子。女者。豈可忘其恩乎。

第二十六課　母羊求救

童子出遊。有母羊向之悲鳴。既

繁与简

懷（怀）則（则）醫（医）診（诊）長（长）學（学）勞（劳）爲（为）豈（岂）遊（游）鳴（鸣）

前走。又屢顧。童子怪之。隨其後。至一池旁。見小羊墮水中。哀號方急。童子乃握其角。提置岸上。母羊偕小羊。歡躍而去。

繁与简

屢（屡） 顧（顾） 隨（随） 後（后） 見（见） 墮（堕） 號（号） 歡（欢） 躍（跃）

第二十七課 鄉人

鄉人種菜爲業。每日晨起。擔菜兩筐。入城中。沿街喚賣。人以其索價不二。菜又肥美。故爭買之。鄉人得錢。易布與米。一家衣食。得以無缺。

繁与简

鄉（乡） 種（种） 爲（为） 業（业） 擔（担） 兩（两） 賣（卖） 價（价） 買（买） 錢（钱） 與（与） 無（无）

第二十九課 器具

人居室中·飲·食·臥·起·皆需器具。惟匠人造器·勞心·力·費時日。其成不易。用器之人·應知愛惜。不可任意毀傷也。

繁与简

飲（饮） 勞（劳） 費（费） 時（时） 應（应） 愛（爱） 傷（伤） 調（调） 盌（碗）

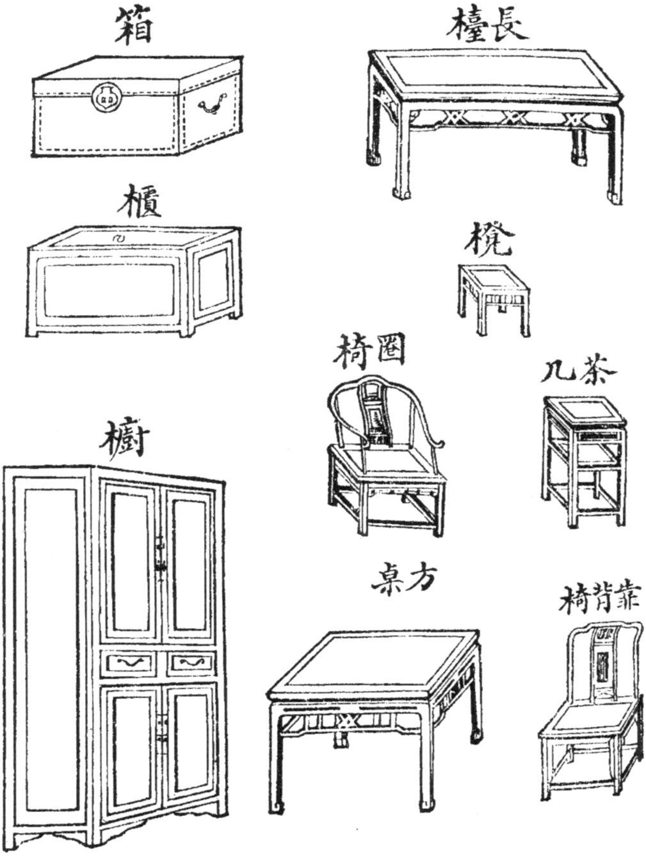

繁与简

長（长）

檯（台）

櫈（凳）

櫃（柜）

櫥（橱）

第三十課　鏡

兒立鏡前。見鏡中有一人。向之笑。彼亦笑。招以手。彼亦招以手。至鏡後。則不復見。大惑。走以告母。母曰。「人不能自見其面。故當以鏡照之。鏡中之人。即汝影也。」

繁与简

鏡（镜）兒（儿）見（见）後（后）則（则）復（复）當（当）

第三十一課　車(一)

陸行用車。車有輪、其形圓。軸貫其中、故能旋轉。大車、用轅駕

繁与简

車（车）　陸（陆）　輪（轮）　圓（圆）　軸（轴）　貫（贯）　轉（转）　轅（辕）　駕（驾）

騾馬。御者坐車前。執鞭驅之。小車。則用人力。或推之。或輓之。

第三十二課 車(二)

古時行車。或用人力。或用獸力。近百年中。新製

繁与简

騾(骡) 馬(马) 執(执) 驅(驱) 則(则) 輓(挽) 時(时) 獸(兽) 製(制)

疊出。有用汽力者•曰汽車。有用電力者•曰電車。亦有仍用人力•而行駛最輕便者•則爲腳踏車。

繁与简

疊（叠）車（车）電（电）駛（驶）輕（轻）則（则）爲（为）腳（脚）

【注释】

叠，当作迭。

第三十三課 象

象、體壯而健。皮堅而厚。口有兩牙、伸出脣外。其鼻甚長、能吸水、納於口而飲之。又能捲取食物、如人之用手。

繁与简

體（体） 壯（壮） 堅（坚） 兩（两） 長（长） 納（纳） 於（于） 飲（饮） 捲（卷）

第三十四课　狼

狼形似犬。性尤兇殘。爪牙甚利。能食牛羊。夜深。結隊而出。横行山野間。常爲行旅之害。

第三十五课　不識字

繁与简

兇（凶）殘（残）結（结）隊（队）間（间）爲（为）識（识）

山有狼，獵人謀捕之，設阱山下。大書牆上曰，「下有狼阱，行人止步。」有不識字者，誤蹴之，墜阱，大呼求援。既出，人指牆上字告之。乃歎曰，「吾苟識字，豈至此哉。」

第三十六課　匡衡

繁与简

獵（猎）　謀（谋）　設（设）　書（书）　牆（墙）　識（识）　誤（误）　墜（坠）　歎（叹）　豈（岂）

匡衡好學。家貧無書。其邑有富人。藏書甚多。衡乃往為僕。而不求償。主人問其故。衡曰。「願得藏書徧讀之。」主人稱其賢。假以書。匡衡遂成名儒。

第三十七課 甄女

繁与简
學（学） 貧（贫） 無（无） 書（书） 爲（为） 僕（仆） 償（偿） 問（问） 願（愿） 徧（遍） 讀（读） 稱（称） 賢（贤）

甄逸有幼女，喜讀書。諸兄謂之曰，「女子當習女工，汝讀書，將焉用耶。」女曰，「古之賢女，未有不學。世間學問甚多，吾不讀書，何由知之。」

第三十八課　歲寒三友

繁与简

讀（读）　書（书）　諸（诸）　謂（谓）　當（当）　習（习）　將（将）　賢（贤）　學（学）　間（间）　問（问）　歲（岁）

兒侍父，立庭前。見梅樹著花，松、竹並茂。兒問曰，「霜、雪之時，他樹多枯落，何以三者獨否。」父曰，「其性皆耐寒，與他樹不同。古人稱歲寒三友，即松、竹、梅也。」

繁与简

兒（儿） 樹（树） 並（并） 問（问） 時（时） 獨（独） 與（与） 稱（称）

第三十九課 雪人

大雪之後、庭中積雪數寸。羣兒偕來、堆雪作人形、目張、口開、肢體臃腫、趺坐如僧。有項、日出

繁与简

後（后） 積（积） 數（数） 羣（群） 兒（儿） 來（来） 張（张） 開（开） 體（体） 腫（肿） 項（项）

雪融。雪人亦消瘦，漸化為水矣。

第四十課 敬老

雪初止，路中泥滑。有老人，扶杖獨行，失足仆地。一童子趨而扶之。既起，取巾代拭衣、履。問其所居，送之歸家。老人欲具飯餉之。

繁与简

漸（渐） 爲（为） 獨（独） 趨（趋） 問（问） 歸（归） 飯（饭） 餉（饷）

童子曰。「恐家人盼我。」遂辭出。

第四十一課 運動

鍾兒飯罷。跳躍為戲。未幾。氣喘汗出。腰、腹作痛。父曰。「運動失宜。有礙衛生。飽飯之後。當緩步院中。使所食之物。易於消化。今汝

繁与简

辭（辞）運（运）動（动）鍾（钟）兒（儿）飯（饭）罷（罢）躍（跃）爲（为）戲（戏）幾（几）氣（气）礙（碍）衛（卫）飽（饱）後（后）當（当）緩（缓）

飯後跳躍、是失宜也。後當慎之。」

第四十二課 守規則

唐生性粗浮。師戒之曰、「學生在校、無論何時、不可妄言妄動。授課之室、體操之場、憩息之所、皆有規則。汝宜諳習之。」唐生守師

繁与简

規（规） 則（则） 師（师） 學（学） 無（无） 論（论） 時（时） 動（动） 課（课） 體（体） 場（场） 諳（谙） 習（习）

訓。漸以謹慎聞。

第四十三課　戒誑語

司馬光幼時。與姊共弄胡桃。欲脫其皮。不得。姊去。一婢以湯脫之。及姊復

繁与简

訓（训）漸（渐）謹（谨）聞（闻）誑（诳）語（语）馬（马）時（时）與（与）湯（汤）復（复）

來。光告姊曰。「吾能脫之矣。」其父適見之。呵曰。「小子何得誑語。」光自是改過。終身無誑語。

第四十四課 梟

梟畏日光。晝不見物。常乘夜而出。其飛無

繁与简

來（来） 適（适） 見（见） 過（过） 終（终） 無（无） 梟（枭） 晝（昼） 飛（飞）

聲。覓小鳥食之。小鳥恨甚。晝間。遇梟於林中。羣起啄之。梟縮首斂翼。不能與小鳥爭也。

第四十五課 蝙蝠

鳥與獸鬨。蝙蝠常中立。鳥勝。則蝙蝠飛入鳥羣。曰。「吾有

繁与简

聲（声）
覓（觅）
鳥（鸟）
間（间）
於（于）
羣（群）
縮（缩）
斂（敛）
與（与）
獸（兽）
鬨（哄）
勝（胜）
則（则）
飛（飞）

兩翼、固鳥也。」獸勝、則蝙蝠走入獸羣。曰、「吾有四足、固獸也。」未幾、二族議和。蝙蝠在側。遂共斥之。

第四十六課　宇文深

宇文深兒時、常折草為旌旗、累石為營壘、布置行列、頗合兵法。

繁与简

兩（两）鳥（鸟）羣（群）幾（几）議（议）側（侧）兒（儿）爲（为）時（时）營（营）壘（垒）頗（颇）

其父見而怪之。曰，「是兒年尚幼，已能若此，他日必爲名將。」後果以戰功聞於時。

第四十七課 兵

國無大小，莫不練兵以自衛。一旦敵至，出兵禦之。或爲步兵，或

繁与简

見（见） 將（将） 後（后） 戰（战） 聞（闻） 於（于） 國（国） 無（无） 練（练） 衛（卫） 敵（敌） 禦（御） 爲（为）

為礮兵，或為馬兵，或為工兵，或為輜重兵，皆所以禦敵也。

第四十八課　習體操

伍生畏習體操。謂其師曰，「我體弱，不能操也。」師曰，「體操能活血脈，強筋骨，正可以醫體弱者。爾

繁与简

礮（炮）　馬（马）　輜（辎）　習（习）　體（体）　謂（谓）　師（师）　脈（脉）　醫（医）　爾（尔）

常習之·必能獲益。伍生從之·身體漸健。

第四十九課

奪旗競走

諸生集體操場。畫地爲大

繁与简

獲（获） 從（从） 漸（渐） 奪（夺） 競（竞） 諸（诸） 體（体） 場（场） 畫（画） 爲（为）

圈。夾植短杆。圍以長繩。旁豎紅旗。五人並立。先生執旗立於側。舉手一揮。五人競走。循圈三周。先至者。奪紅旗而返。

繁与简

夾（夹）　圍（围）　長（长）　繩（绳）　豎（竖）　紅（红）　並（并）　執（执）　於（于）　側（侧）　舉（举）　揮（挥）

第五册

第四課　紙鳶

紙鳶之狀．有鳥．有魚．有蝴蝶．有蜈蚣．有老人。繫以長繩。風起時．一人持其尾．登高縱之。一人急振其繩．則紙鳶乘風而上。其大

繁与简

紙（纸）鳶（鸢）狀（状）鳥（鸟）魚（鱼）繫（系）長（长）繩（绳）風（风）時（时）縱（纵）則（则）

者、上縛弓弦、風激弦鳴、其聲泱泱、故又名風箏。

第五課　楊柳

楊柳、隨處可種、臨水尤宜。春初發葉、旋開黃花。及春末、葉漸多。花中結實、細而黑。蕊落、有絮綻出、質輭如棉、色白如雪、隨風飛舞、散於各處。

繁与简

縛（缚）　風（风）　鳴（鸣）　聲（声）　楊（杨）　隨（随）　處（处）　種（种）　臨（临）　發（发）　葉（叶）　開（开）　漸（渐）　結（结）　實（实）　細（细）　綻（绽）

質（质）　輭（软）　飛（飞）　於（于）

第六課 黄帝

黄帝姓姬。名軒轅。時有蚩尤作亂。帝與戰而勝之。遂殺蚩尤。諸侯尊爲天子。黄帝作弓矢。以供戰爭。作舟車。以利交通。作衣服器具。以爲養生之用。後世利之。

繁与简

軒（轩） 轅（辕） 時（时） 亂（乱） 與（与） 戰（战） 勝（胜） 殺（杀） 諸（诸） 車（车） 爲（为） 養（养） 後（后）

第七課　嫘祖

上古之民·未有衣服·其用以蔽體者·夏則樹葉·冬則獸皮。及黃帝時·西陵氏有女曰嫘祖·爲黃帝元妃。發明蠶絲之用。乃教民育蠶治絲·以製衣裳。

第八課　蠶

春夏之交·蠶子始孵化·蠕蠕如黑蟻。稍

繁与简

體（体）則（则）樹（树）葉（叶）獸（兽）時（时）爲（为）發（发）蠶（蚕）絲（丝）製（制）蟻（蚁）

長而蜕。凡四次。經三四十日。吐絲作繭。絲盡。化為蛹。伏於繭中。不食不動。又旬日。成蛾。乃破繭而出。蛾復生子。至明年。又孵化而為蠶。

第九課　絲

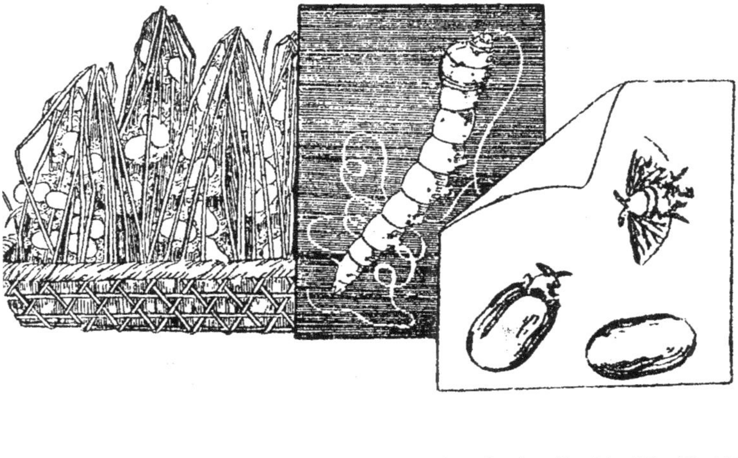

繁与简

長（长）經（经）絲（丝）繭（茧）盡（尽）爲（为）於（于）動（动）復（复）蠶（蚕）

蠶既成繭，可以繅絲。其法，煮繭釜中，溶其膠質，乃尋其緒以抽之，捲於絲車之上。如繭多不及繅，可先以火烘之，使蛹死不復成蛾，可以久藏不壞。

第十課　家信

卞生靜坐觀書。郵局送一函至。卞生曰，「此吾兄之信也」。急呈諸母。母接函，拆而

繁与简

蠶（蚕）　繭（茧）　繅（缫）　絲（丝）　膠（胶）　質（质）　尋（寻）　緒（绪）　捲（卷）　於（于）　車（车）　復（复）　壞（坏）　觀（观）　書（书）　郵（邮）　諸（诸）

閱之。

父母親大人膝前敬稟者昨日奉到
手諭敬知
福體安康弟妹等亦好男甚為喜慰
二弟所讀新國文教科書現已至何
處算學諒亦漸進男在此一切自知
謹慎仰求
大人勿念肅此敬請
福安男粹棟謹稟

繁与简

閱（阅） 親（亲） 諭（谕） 體（体） 爲（为） 讀（读） 國（国） 書（书） 現（现） 處（处） 學（学） 諒（谅） 漸（渐） 進（进） 謹（谨） 肅（肃） 棟（栋）

廣東城內雙門底

卞先生守瑜安啟

北京琉璃廠卞寄 四月十五日

第十一課

地球

吾儕所居之地。圓而略扁。故名地球。

繁与简

廣（广） 東（东） 雙（双） 門（门） 廠（厂） 儕（侪） 圓（圆）

人立高山之巔。遠望海中來船。先見船桅。後見船身。其去時。船身先沒。船桅後沒。環遊地球者。如向東而行。方向不變。久之。必回原處。此皆地圓之證也。

繁与简

巔（巅）遠（远）來（来）見（见）後（后）時（时）環（环）遊（游）東（东）變（变）處（处）證（证）

第十二課　蟻行毬上

地上有皮毬。兩蟻緣毬行。一向左。一向右。未幾。集於一處。母指以示兒曰。「毬形圓。兩蟻分途而行。不易方向。故能相值。地球之圓。即此可爲證也。」

第十三課　陸

陸地可以居人。大者曰洲。小者孤立海

繁与简

蟻（蚁）毬（球）兩（两）緣（缘）幾（几）於（于）處（处）兒（儿）圓（圆）爲（为）證（证）陸（陆）

中，曰島。三面在水，一面連大陸者，曰半島。山，突起於平地，小者曰阜，曰邱，陵。能出火者，曰火山。平原者，地之平坦者也。其地勢高者，曰高原。沙，石之地，無

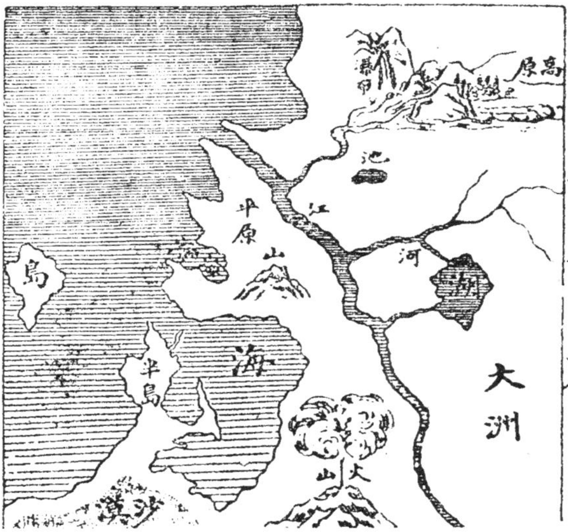

繁与简

島（岛）
連（连）
於（于）
勢（势）
無（无）

水、草者，曰沙漠。

第十四課　水

地面之水，大者曰洋，其次曰海。海水彎入陸地，可以泊舟者，曰海灣。亦曰港。大陸之上，有低地瀦水者，曰湖，曰泊。其小者曰池。

流通地面之水，為江河。在山間者，為溪

繁与简

彎（弯）　陸（陆）　灣（湾）　瀦（潴）　爲（为）　間（间）

澗。其自高處傾瀉而下、遙望之。如懸空之布、是為瀑布。

第十五課 禹

古時洪水為患、民無安居之所。帝舜憂之、命禹治水。禹乃苦心壹志、導水入江河、順流至於海。在外十三年、三過家門、未

繁与简

澗（涧） 處（处） 傾（倾） 瀉（泻） 懸（悬） 時（时） 爲（为） 無（无） 憂（忧） 導（导） 順（顺） 於（于） 過（过） 門（门）

遑一入水患始平。舜以禹有大功。禪以帝位。禹乃繼舜為天子。國號曰夏。

第十六課 湯武

禹崩。其子孫世繼其位。凡四百餘年。至桀無道。湯舉兵伐之。代夏為天子。國號商。

商湯

周武王

繁与简

禪（禅） 繼（继） 國（国） 號（号） 湯（汤） 孫（孙） 餘（馀） 無（无） 舉（举） 爲（为）

湯之子孫、傳國六百餘年。至紂無道。武王舉兵伐之、代商為天子、國號周。古之諸侯、以伐暴救民、行革命之舉者、自湯·武始。

第十七課　牡丹芍藥

牡丹、古人稱為花王。莖叢生。花有單瓣、有重瓣。以白與淡紅者為貴。惟培植獨

繁与简

傳（传）　國（国）　紂（纣）　號（号）　諸（诸）　藥（药）　稱（称）　爲（为）　莖（茎）　叢（丛）　單（单）　與（与）　紅（红）　貴（贵）　獨（独）

難、常有敗葉腐蕾之患。芍藥之美、次於牡丹、而培養較易。花謝後、割其莖、秋時分種之。及明年夏時開花、豐豔可愛。

第十八課　華盛頓

華盛頓七歲時、遊園中。以斧斫櫻桃樹、

繁与简

難（难）　遊（游）
敗（败）　園（园）
葉（叶）　櫻（樱）
於（于）　樹（树）
養（养）
較（较）
謝（谢）
後（后）
時（时）
種（种）
開（开）
豐（丰）
豔（艳）
愛（爱）
華（华）
頓（顿）
歲（岁）

斷之。其父歸，見而怒曰，「櫻桃吾所愛，誰斫之。」家人懼，不敢言。華盛頓趨至父前，自承曰，「斫櫻桃者，兒也。」父遽釋怒，執其手慰之曰，「汝能不欺予，不責汝矣。」

第十九課　籠毬

師率學生十餘，同往遊戲。場中豎長竿，竿頭繫小籠。分學生為甲乙二隊，對立

繁与简

斷（断）　歸（归）　見（见）　愛（爱）　誰（谁）　懼（惧）　趨（趋）　兒（儿）　釋（释）　執（执）　責（责）　籠（笼）　師（师）　學（学）　餘（余）　遊（游）　戲（戏）

場（场）　豎（竖）　長（长）　頭（头）　繫（系）　爲（为）　隊（队）　對（对）

竿之左右。甲隊各持紅毬。乙隊各持白毬。爭擲籠中。擲畢。解籠數之。紅毬多於白毬。勝負乃決。

第二十課　驢遇虎

驢蒙虎皮。羣獸畏之。無敢近者。驢自喜

繁与简

紅（红）毬（球）擲（掷）畢（毕）數（数）於（于）勝（胜）負（负）決（决）驢（驴）羣（群）獸（兽）無（无）

得計。時時出行。以威羣獸。一日。遇虎。虎以為同類也。就而與遊。驢駭極。大鳴。棄皮而遁。數里不敢息。

第二十一課　二蟆

繁与简

計（计）時（时）羣（群）獸（兽）爲（为）類（类）與（与）遊（游）駭（骇）極（极）鳴（鸣）棄（弃）數（数）

二蟆同居小池。天久不雨。池涸。議他徙。路過一井。其一悅之。將躍入。其一曰「井水固佳。苟有他故。不適吾意。又焉能出」。故但顧目前。不圖其後者。取禍之道也。

第二十二課　雨

地面之水。為日光所蒸。化汽上升。聚而為雲。雲遇冷。凝為水點。滴瀝下降。是為

繁与简

議（议）過（过）將（将）躍（跃）適（适）顧（顾）圖（图）後（后）禍（祸）爲（为）雲（云）點（点）瀝（沥）

雨。

不見夫釜中沸水乎。水熱化汽而上騰。此成雲之理也。汽冷則聚為水點。此成雨之理也。

第二十三課 墨

焚松桐之枝。而取其炱。和以膠質。範以模型。曬而乾之。是謂墨。注水硯中。以墨

繁与简

見（见） 熱（热） 騰（腾） 則（则） 膠（胶） 質（质） 範（范） 曬（晒） 乾（干） 謂（谓） 硯（砚）

磨之、則成墨汁。如以磨墨為苦、可於暇時、預磨而儲之。或蓄於壺、或蓄於盒、為用尤便。

第二十四課　紙

古時無紙、以漆書於簡、或書於縑帛。簡重帛貴、得書

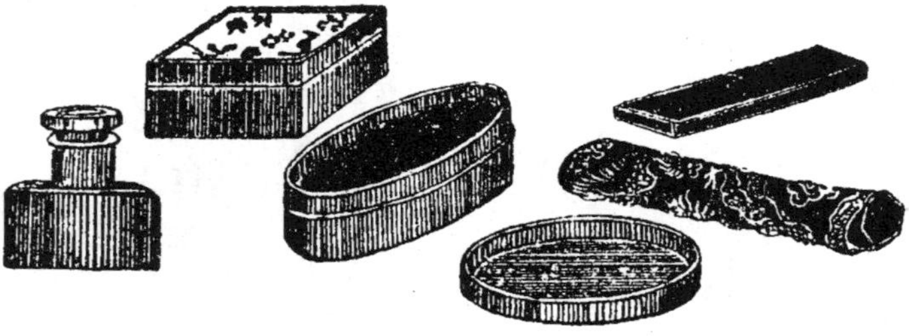

繁与简

則（则）爲（为）於（于）時（时）預（预）儲（储）壺（壶）紙（纸）無（无）書（书）簡（简）縑（缣）貴（贵）

甚難。漢蔡倫始造紙．至今稱便。凡樹皮．稻稾．敝布之屬．皆可製紙。然常用者．多以竹為之。故產竹最盛之地．出紙亦最多。

第二十五課 叢樹

大風之後．兄弟行郊外。見道旁老樹．高數十尺．為風所拔．橫於地上。又數武．過

繁与简

難（难） 漢（汉） 倫（伦） 稱（称） 樹（树） 稾（稿） 屬（属） 製（制） 爲（为） 産（产） 叢（丛） 風（风） 後（后） 見（见） 數（数） 於（于） 過（过）

叢林。則損傷殊少。小樹數株。亦無恙。弟問兄曰。「風能拔大樹。不能拔小樹。何也。」兄曰。「大樹孤立。故易拔。小樹叢生。故難摧。」

第二十六課　麻

麻莖中空。高六七尺。葉大花小。春種而夏

繁与简

則（则）
傷（伤）
樹（树）
無（无）
問（问）
難（难）
莖（茎）
葉（叶）
種（种）

刈之。剝麻皮，久浸水中，更析為細縷，可以織布。其粗者，或結為網，或綯為繩，為用至廣。

第二十七課　漆

漆樹生山谷中，大者高至二三丈。夏秋之間，割其皮，接以竹管，有汁流出，是為漆。

繁与简

剝（剥）　爲（为）　細（细）　縷（缕）　織（织）　結（结）　網（网）　綯（绹）　繩（绳）　廣（广）　樹（树）　間（间）

以髹器具。可免汙朽。若以彩色調漆內。而後髹之。尤為美觀。

第二十八課 錢

古時商業。以其所有。易其所無。及後世交易日繁。乃以金屬鑄錢。專供交易之用。

中華民國紀念銅幣

中華民國紀念銀幣

明錢

清錢

繁与简

汙（污） 幣（币） 調（调） 圓（圆） 後（后） 銅（铜） 爲（为） 順（顺） 觀（观） 錢（钱） 時（时） 業（业） 無（无） 屬（属） 鑄（铸） 專（专） 寶（宝） 華（华） 國（国） 紀（纪） 銀（银）

【注释】

髹，读作休，用漆漆物体。

周代以後。始定錢爲圓形。中有孔。近年改良幣制。圓而無孔。以銅鑄者曰銅幣。以銀鑄者曰銀幣。大小輕重。各有定數。人皆便之。

第二十九課　收條

戚家送物來。父寫收條與之。兒問曰。「是有何用。」父曰。「此收條也。我以財物與人。

繁与简

後（后）爲（为）無（无）銅（铜）輕（轻）數（数）條（条）寫（写）與（与）兒（儿）問（问）財（财）

則人書收條與我。人以財物與我•我則我書收條與人•所以為憑證也。

今收到鈔票五元正此復
彥昇仁兄台鑒　弟蕭維祺收条
囬呈　　印刻
盧先生

頃由全盛信局送來
杭州寄書籍一包照收不誤
繆毓昌收条　五月二十日

繁与简

則（则）　書（书）　憑（凭）　證（证）　鈔（钞）　復（复）　鑒（鉴）　囬（回）　盧（卢）　頃（顷）　誤（误）

第三十課　假書

嵇生嗜學。不能致書。恆假之於其友。其假書也。必預言還期。既假。必謹愼披閱。勿使汙損。及期。必整理而歸之。或有未閱竟者。俟異日而更假焉。若誤損其書。則購新書以償之。以此假書於人。無不應者。故嵇生家徒四壁。卒能博極羣書。

繁与简

書（书）　學（学）　恆（恒）　於（于）　預（预）　還（还）　謹（谨）　閱（阅）　汙（污）　損（损）　歸（归）　異（异）　誤（误）　則（则）　購（购）　償（偿）　無（无）　應（应）　極（极）　羣（群）

有名於時。

雅盦仁兄足下久別未晤想　起居安適為慰屢承　惠假圖書感何可言他日若能稍增學識皆我　兄之賜也兹送還英學書三冊乞為　詧收其第四第五兩冊如一時不用可否再假一閱五日內奉繳不誤瑣瑣費神殊增慙怍惟　愛我者諒之敬訊

文安

弟嵇凱謹上　五月廿二日

繁与简

適（适）　諒（谅）　爲（为）　訊（讯）　屢（屡）　凱（凯）　圖（图）　謹（谨）　識（识）　賜（赐）　茲（兹）　還（还）　冊（册）　兩（两）　時（时）　閱（阅）　繳（缴）　瑣（琐）　費（费）　慙（惭）　愛（爱）

【注释】 詧，同察。

第三十四课 造屋

造屋之法。屋基宜高。所以遠潮溼也。溝道宜廣。所以洩豬穢也。窗户宜多。所以通空氣。透日光也。廚房。廁所宜隔遠。所以避烟灰。及濁氣也。否則不合於衛生。人居其中。必多疾病。

繁与简

遠（远） 溼（湿） 溝（沟） 廣（广） 洩（泄） 豬（猪） 穢（秽） 氣（气） 廚（厨） 廁（厕） 濁（浊） 則（则） 於（于） 衛（卫）

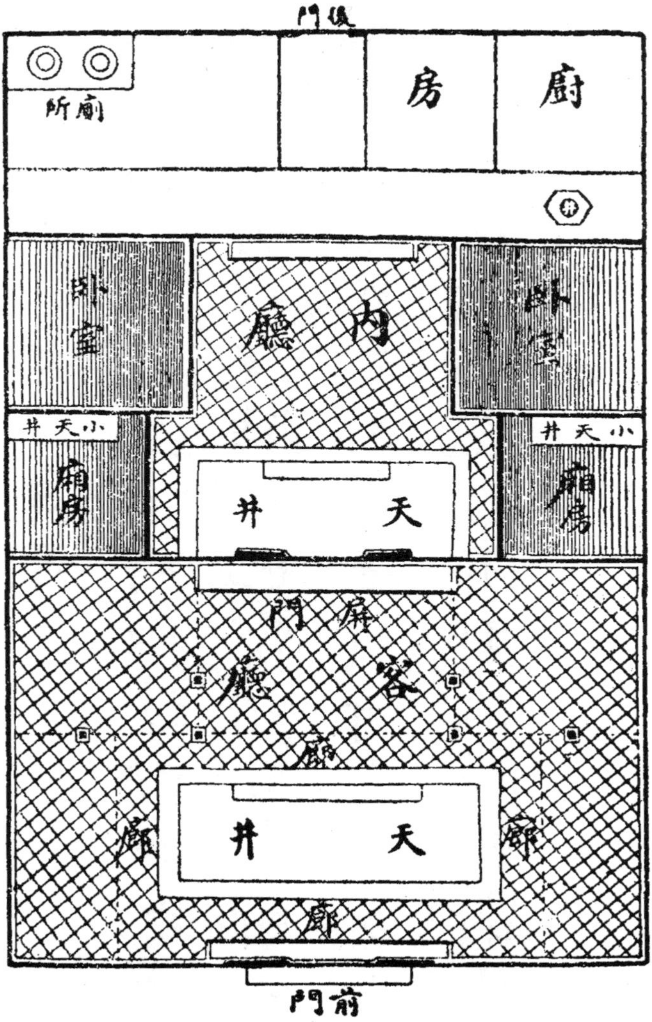

繁与简

廳（厅）
廂（厢）
門（门）

第三十五課 蜜蜂

庭花盛開。蜜蜂往來枝間．吸花之甘汁．釀蜜於房。以為冬日之糧。其房以蠟為壁．簇聚如毬。秋時．割其房．取蜜．可以調味．可以製藥。故養蜂之利甚大。

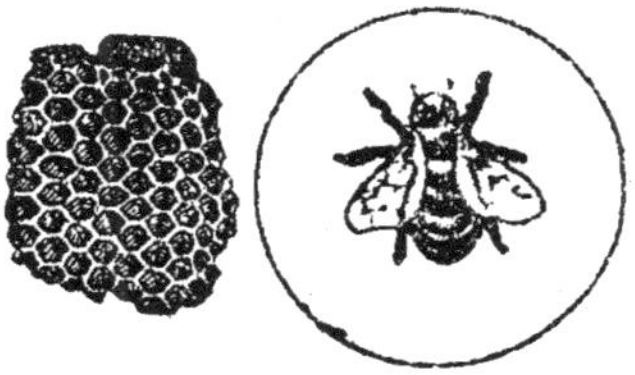

第三十六課 殺雁

繁与简

開（开） 間（间） 釀（酿） 於（于） 爲（为） 糧（粮） 蠟（蜡） 毬（球） 時（时） 調（调） 製（制） 藥（药） 養（养） 殺（杀）

莊子出於山。舍於故人家。故人喜。命豎子殺雁而烹之。豎子請曰。「其一能鳴。其一不能鳴。請奚殺。」主人曰。「殺不能鳴者。」噫。雁以不材。遂先見殺。人可不自儆乎。

第三十七課　跳繩

范生取一繩。執其兩端。向上擲之。繩自頂過。將

繁与简

莊（庄）　於（于）　豎（竖）　請（请）　鳴（鸣）　見（见）　繩（绳）　執（执）　兩（两）　擲（掷）　頂（顶）　過（过）　將（将）

及地，跳而越之。且擲且跳，旋繞不已。既畢，更選二人，分立左右，持長繩而轉之。繩至地，則一人躍入，漸增至三四人，同躍同止，足不蹴繩，至數十次乃已。

第三十八課 秤

繁与简

繞（绕） 畢（毕） 選（选） 長（长） 轉（转） 則（则） 躍（跃） 漸（渐） 數（数）

秤、所以稱物、而別其輕重也。計重之法、十釐為分、十分為錢、十錢為兩、十六兩為斤、百斤為一石。秤桿有星。大者每星為一斤。次者每星為一兩。小者或以錢計。或以分計。或以釐計。皆

繁与简

稱（称） 輕（轻） 計（计） 釐（厘） 爲（为） 錢（钱） 兩（两） 桿（杆）

視其桿之大小，錘之輕重耳。

第三十九課　孔子

孔子，字仲尼。博學多能，誨人不倦，有弟子三千餘人。時世亂，孔子為魯相，三月而國大治。魯不能信用，孔子去之。周遊列國，

繁与简

視（视）錘（锤）學（学）誨（诲）餘（馀）時（时）亂（乱）爲（为）魯（鲁）國（国）遊（游）

凡十四年，不得行其志。乃歸魯著書，以教後世，至今稱為聖人。

第四十課　孟子

孟子，鄒人也。嘗受業於子思之門，故學說一宗孔子。

當是時，天下分為七國，競事征伐，人民

繁与简

歸（归）書（书）後（后）稱（称）聖（圣）鄒（邹）嘗（尝）業（业）於（于）門（门）學（学）説（说）當（当）時（时）爲（为）國（国）競（竞）

困苦。孟子以愛民為本。講仁道。主息兵。諸侯莫能用。退而與其徒著書立説。其傳於世者。有孟子七篇。

第四十一課　孟母

孟子少時讀書。其母方織。孟子忽中止。母引刀斷其織。誡之曰。「汝之廢學。猶斷斯織也。」自是之後。孟子乃勤學。

繁与简

愛（爱）講（讲）諸（诸）與（与）書（书）説（说）傳（传）時（时）讀（读）織（织）斷（断）誡（诫）廢（废）學（学）猶（犹）後（后）

孟子見東家殺豚。問母曰。「東家殺豚。何為。」母曰。「欲啖汝。」既而悔曰。「子初有知而欺之。是教之不信也。」乃買東家豚肉以食之。

第四十二課　鷹

鷹。喜食小鳥。嘴曲如鈎。爪利如刃。羽翮甚健。雖久飛不倦。目光尤

繁与简

見（见）東（东）殺（杀）問（问）爲（为）買（买）鷹（鹰）鳥（鸟）鈎（钩）雖（虽）飛（飞）

銳，去地數十丈，能見小物，常盤旋空際，注視地上以覓食。雞雛之屬，苟為所見，則攫之而去。其飛極疾，人每不及防也。

第四十三課 烏

槐樹之上，有一巢。老烏棲其中，不能高飛，翹首遙望，嗚嗚而鳴。小烏常出覓食，

繁与简

銳（锐） 數（数） 見（见） 盤（盘） 際（际） 視（视） 覓（觅） 雞（鸡） 雛（雏） 屬（属） 爲（为） 則（则） 極（极） 烏（乌） 樹（树） 棲（栖） 飛（飞） 翹（翘） 嗚（呜） 鳴（鸣）

有所得，即銜之歸巢，以哺老烏。先生語學生曰，「烏為鳥類，尚知愛親，為人子者，可不孝養父，母乎。」

第四十四課 猴

猴形似人。性靈敏，能解人意。徧體生毛。且，有尾。足趾甚長。常攀援樹上，採果實而食之。

繁与简

銜（銜） 歸（归） 語（语） 學（学） 爲（为） 鳥（鸟） 類（类） 愛（爱） 親（亲） 養（养） 靈（灵） 徧（遍） 體（体） 長（长） 樹（树） 實（实）

猩猩、亦猴類也。身軀高大。有毛無尾。性暴而力大、常為人患。

第四十五課　雹

祝兒與父立廊下。忽見陰霾四佈、大風猝至、空中冰塊、隨墜地有聲。兒大駭。父曰、「是名雹。空中水汽、將成雨點、忽為高處冷風所吹、驟結冰塊、錯雜下降。害田禾、

繁与简

類（类）　結（结）
軀（躯）　錯（错）
無（无）　雜（杂）
兒（儿）
與（与）
見（见）
陰（阴）
佈（布）
風（风）
塊（块）
墮（堕）
聲（声）
駭（骇）
將（将）
點（点）
爲（为）
處（处）
驟（骤）

傷人、畜、毀廬舍、往往成巨災也。

第四十六課 草帽

天氣和暖之時、宜戴草帽。惟曩日所用者、多購自外國、耗費至鉅。我國山東諸省、原有草緶、可為草帽之材料。今人糾立公司、設廠自製。果能出品精良、必暢銷於各省也。

繁与简

傷（伤） 銷（销）
廬（庐） 於（于）
災（灾）
氣（气）
時（时）
購（购）
國（国）
費（费）
鉅（巨）
東（东）
諸（诸）
緶（缏）
糾（纠）
設（设）
廠（厂）
製（制）
暢（畅）

第四十七课　西瓜

西瓜。春时种之。茎蔓生。花黄色。瓜形浑圆。熟时。大者重可十余斤。盛暑之日。剖而食其瓤。汁多味甜。瓜中有子。炒熟之。可去壳而食其仁。

第四十八课　戒吸烟

繁与简

種（种）莖（茎）渾（浑）圓（圆）時（时）餘（余）殼（壳）煙（烟）

潘兒戲吸煙，喜甚，既而咳嗽，不已，涕淚交流。母怪問之，兒具以告。母曰，「吸煙無益，且有毒，其氣觸喉，即致咳嗽，非可玩也。童子尤宜戒之」。

第四十九課　自治

繁与简

兒（儿）　戲（戏）　淚（泪）　問（问）　無（无）　氣（气）　觸（触）

于生性懶、書籍、紙筆、隨意拋散。其友陸生則不然。閱書既畢、必收置原處。習字時、紙、墨、筆、硯、陳列有序。唾洟必向痰盂。師謂于生曰、「若陸生者、可謂能自治矣。」

第五十課　告假

邵生每日到校、未曾稍遲。先生屢贊其賢。一日、將上課、邵生不至。適有持函來

繁与简

懶（懒）　書（书）　紙（纸）　筆（笔）　隨（随）　陸（陆）　則（则）　閱（阅）　畢（毕）　處（处）　習（习）　時（时）　硯（砚）　陳（陈）　師（师）　謂（谓）　遲（迟）

屢（屡）　贊（赞）　賢（贤）　將（将）　課（课）　適（适）

者、展閱之、則邵生之請假書也。

夫子大人尊鑒敬啟者學生今日
早起頭目暈眩殊覺不適想係
感受寒氣所致承　家慈之命
在家休息俟病愈即行赴校補
課用特修函告假伏祈
鑒詧敬請
鈞安　學生邵錫爵謹上　九月廿四日

繁与简

閱（阅）　則（则）　請（请）　書（书）　鑒（鉴）　啓（启）　學（学）　頭（头）　暈（晕）　覺（觉）　適（适）　係（系）　氣（气）　補（补）　課（课）　鈞（钧）　錫（锡）　謹（谨）

送呈

國民學校
尹先生台啟

邵緘
即刻

繁与简

國（国）　緘（缄）

第
六
册

第一課 人之一生

人之一生。猶一歲之四時乎。春風和煦。草木萌動。一童子之活潑也。夏雨時行。草木暢茂。一壯年之發達也。秋冬漸寒。草木零落。則由壯而老。由老而衰矣。然冬盡春來。循環不已。人則老者不可復壯。壯者不可復少也。語曰。「時乎時乎不再來。」願我少年共識之。

繁与简

猶（犹） 歲（岁） 時（时） 風（风） 動（动） 潑（泼） 暢（畅） 壯（壮） 發（发） 達（达） 漸（渐） 則（则） 盡（尽） 來（来） 環（环） 復（复） 語（语） 願（愿） 識（识）

第六課　鳥

鳥類之體●徧生毛羽○前肢爲翼●故能高飛○其趾間有蹼●能游泳水中者●謂之水鳥○鳥類之嘴●爲堅硬之角質○無齒●故食物不嚼○其骨及毛管●中空而無髓●故質輕而善飛○獸皆胎生●鳥則卵生○惟鳥卵●必孵之而後成雛○

繁与简

鳥（鸟）類（类）體（体）徧（遍）爲（为）飛（飞）間（间）謂（谓）堅（坚）質（质）無（无）齒（齿）輕（轻）獸（兽）則（则）後（后）雛（雏）

繁与简

鷹（鹰） 鴟（鸱） 鵲（鹊） 鴿（鸽） 鸚（鹦） 鵡（鹉） 烏（乌） 鶴（鹤） 鷓（鹧） 鴣（鸪） 鷺（鹭） 鵝（鹅） 鷄（鸡） 鴨（鸭） 鴛（鸳） 鴦（鸯）

第十六課　捉迷藏

羣兒相聚，為捉迷藏之戲。先攜手作大環，甲兒立環中，以巾束目。諸兒環繞疾走，左右各三匝，然後俱蹲於地。甲兒呼乙兒，乙兒遙應之。甲兒張手摸索，獲一人，摩其頂，掣其衣，撫其足，呼曰，「乙兒在是矣。」揭巾視之，則丙兒也。復以巾束目，摸索如前，卒得乙兒。於是令乙兒代為盲者。

繁与简

羣（群）兒（儿）爲（为）戲（戏）攜（携）環（环）諸（诸）繞（绕）後（后）於（于）應（应）獲（获）頂（顶）撫（抚）視（视）則（则）復（复）

第三十三課　羣蟻

羣蟻共攢螳螂而走。螳螂一奮其臂、則蟻之倒仆者無算。然隨仆隨起、攢行如故、卒曳入穴。夫以一蟻比螳螂、則蟻小而螳螂大。以千百蟻比螳螂、則螳螂小而蟻大。故天下之最強者、莫如羣力。果能合羣、孰能敵之。

繁与简

羣（群）　蟻（蚁）　攢（攒）　奮（奋）　則（则）　無（无）　隨（随）　敵（敌）

第三十五課

農

農夫居鄉、以耕為業。若麥、若稻、若豆、棉、若蔬菜、耕耘收穫、各有定時。故恆終歲勤動、不得休息。然人事盡矣、而螟、蝗、水旱、風、雹、一旦猝至、則收穫之物、常致不稔。且

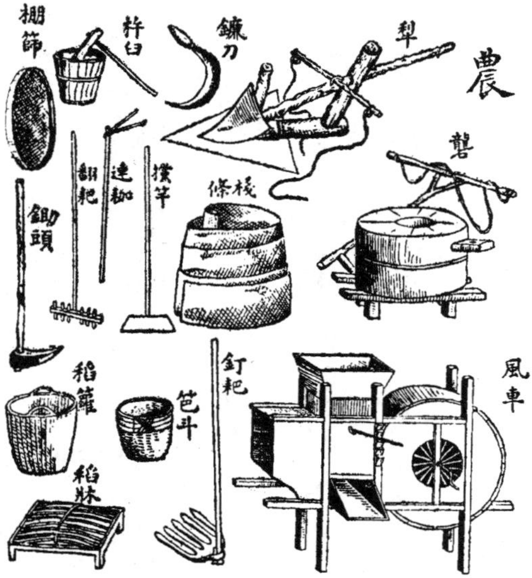

繁与简

農（农） 鄉（乡） 爲（为） 業（业） 麥（麦） 穫（获） 時（时） 恆（恒） 終（终） 歲（岁） 動（动） 盡（尽） 風（风） 則（则） 鐮（镰） 篩（筛） 礱（砻）

棧（栈） 條（条） 擋（挡） 連（连） 鋤（锄） 頭（头） 車（车） 釘（钉） 籮（箩） 牀（床）

牲畜。肥料。及一切農具。俱不能缺。農之勞費如此。彼安坐而食者。不可不念其功也。

第三十六課　工

世界之物。或生於自然。或由於人造。棉與繭。生於自然者。紡之爲紗。繅之爲絲。則其價倍。更織以爲布帛。則價又倍。若加鮮麗之顏色。或精美之刺繡。其價又驟增焉。其他物價。因人工而遞增者。莫不類是。工之利大矣哉。

繁与简

勞（劳）　驟（骤）　費（费）　遞（递）　於（于）　類（类）　與（与）　繭（茧）　紡（纺）　爲（为）　紗（纱）　繅（缫）　絲（丝）　則（则）　價（价）　織（织）　鮮（鲜）　麗（丽）　顏（颜）　繡（绣）

第三十七課　商

日用之物，或出於農，或出於工，若無待於商者。雖然，農、工所出，常因地而異。凡日用所需，若布、帛之為衣，若黍、稷、稻、粱之為食，若金、石、木材之為宮室，為器具，固非一地之農、工所能備也。惟有商以轉輸之，乃能取四方之物，集於一地，用物者無待遠求。此商之所以可貴也。

繁与简

於（于）　農（农）　無（无）　雖（虽）　異（异）　爲（为）　備（备）　轉（转）　輸（输）　遠（远）　貴（贵）

第七册

第七課 親屬

父之父爲祖父。父之母爲祖母。祖父之父·母爲曾祖父·母。曾祖父之父·母爲高祖父·母。子之子爲孫。孫之子爲曾孫。曾孫之子爲玄孫。父之兄爲伯父。父之弟爲叔父。父之姊·妹爲姑母。兄·弟之子爲姪。姊·妹之子爲甥。母之父·母爲外祖父·母。母之兄·弟爲舅父。母之姊·妹爲姨母。伯·叔父之子爲從兄·弟。姑母·舅父·姨母之子爲表兄·弟。兄之妻爲嫂。弟之妻爲弟婦。子之妻爲媳。女之夫爲壻。

繁与简

親（亲） 屬（属） 爲（为） 孫（孙） 姪（侄） 壻（婿）

第十三課　擲環

諸生課畢。共謀遊戲。一人曰。「盍擲環乎。」衆曰。「善。」乃至場中。植木杆為標。高約二尺。分學生為甲乙二隊。二隊之人。相間作圓陣。甲隊各持紅環。乙隊各持白環。先生立其旁。發口令。衆依次擲環。以中杆多者為勝。其不善擲者。或斜出不中杆。或不及杆而止。

繁与简

擲（掷）　環（环）　諸（诸）　課（课）　畢（毕）　謀（谋）　遊（游）　戲（戏）　衆（众）　場（场）　為（为）　標（标）　約（约）　學（学）　隊（队）　間（间）　圓（圆）　陣（阵）　紅（红）　發（发）　勝（胜）

擲畢、計中杆之數、紅環多於白環、勝負乃決。

第十四課　音樂

審察聲音、而施之以節拍、是為音樂。音樂感人最深、能使人樂、能使人悲、能使人奮起。其為器也、或絲、或竹、或金、革。其為聲也、輕重高下、各有

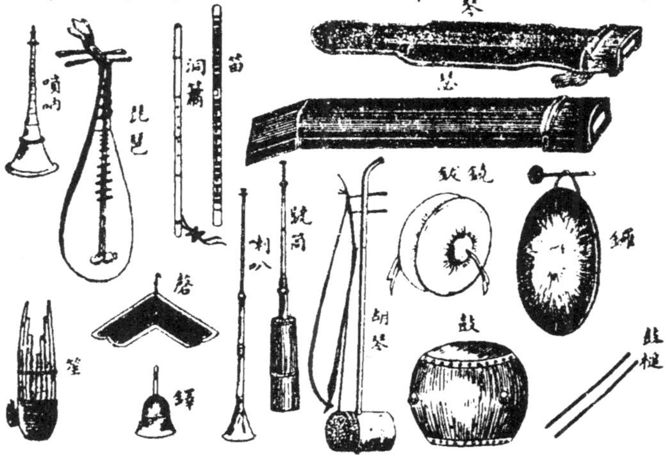

繁与简

計（计）　號（号）　數（数）　鐸（铎）　負（负）　決（决）　樂（乐）　審（审）　聲（声）　節（节）　爲（为）　奮（奋）　絲（丝）　輕（轻）　簫（箫）　嗩（唢）　鑼（锣）　鐃（铙）　鈸（钹）

定法。有時若抑而忽揚、由徐而轉疾、則音響美妙、益能動人。古之學校、禮樂並習。禮以節其進退。樂以和其心志。今學校中有唱歌一科、蓋亦行古之道也。

第三十六課　時辰鐘

上古之時、日出而知晨、日入而知夜、初無計時之器也。後世人事日繁、漸知時之可貴。於是豎表以測日影、製漏以計時刻、分每日為

繁与简

時（时）揚（扬）轉（转）則（则）響（响）動（动）學（学）禮（礼）並（并）習（习）進（进）蓋（盖）鐘（钟）無（无）計（计）後（后）漸（渐）

貴（贵）於（于）豎（竖）測（测）製（制）爲（为）

十二時，人始知按時作事。英人創製時辰鐘，分每日為二十四小時，時有六十分，分有六十秒。其製益精，其時益準。

一日之間，動作，食息，慶弔，酬酢，為事至衆，必守所定時刻，為之庶無惰廢之虞。而時辰鐘者，能使人知一定時刻，無稍差誤者也。故人皆樂用之。

繁与简

時（时）創（创）準（准）間（间）動（动）慶（庆）弔（吊）衆（众）廢（废）誤（误）樂（乐）

第八册

第四課　干支

甲、乙、丙、丁、戊、己、庚、辛、壬、癸，是謂天干。子、丑、寅、卯、辰、巳、午、未、申、酉、戌、亥，是謂地支。古人制干支之名，以記年、月、日、時之號耳。乃今之言星命者，則謂人之貧、富、夭、壽，皆主於命，視其生時之干支，可知終身之休、咎。信此說也，則命之富者，雖貧可不必力作，命之壽者，雖病可不必延醫，寧有是理耶。且全國之人，每日之同時生產者，奚可勝計。其干支既無以異，而貧、富、夭、壽，果無不同歟。雖愚者亦知其誣矣。

繁与简

謂（谓）　勝（胜）
記（记）　計（计）
時（时）　無（无）
號（号）　異（异）
則（则）　歟（欤）
貧（贫）　誣（诬）
壽（寿）
於（于）
視（视）
終（终）
説（说）
雖（虽）
貧（贫）
醫（医）
寧（宁）
國（国）
産（产）

第二十五課　紙幣

錢幣者。所以供交易之用也。大抵以金屬製之。其雖非金屬所製。而亦具錢幣之效者。則為紙幣。

紙幣之制。或曰鈔。或曰票。自唐以來屢用之。今日市上所流行者。率以代銀幣之用。各標定值。少者一元。多至百元。花紋精美。又由發行者簽字鈐印。故他人不易倣造。

繁与简

紙（纸）幣（币）錢（钱）屬（属）製（制）雖（虽）則（则）鈔（钞）屢（屡）銀（银）標（标）紋（纹）發（发）簽（签）鈐（钤）倣（仿）

紙幣流行之遠近•視發行者之信用。文明各邦•以發行紙幣為國家特權。幣額有定•又存儲現金以備兌換。故信用昭著•而商市亦日趨於穩固也。

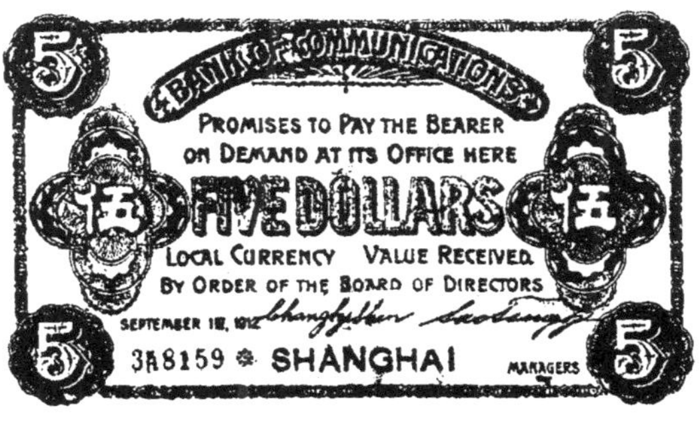

繁与简

遠（远）　視（视）　國（国）　權（权）　額（额）　儲（储）　現（现）　備（备）　趨（趋）　於（于）　穩（稳）

第三十二課　兵器

鳥有爪距，獸有蹄角，皆所以自衛也。國之自衛恃兵，兵所以能自衛，則恃兵器。

古者，相擊之器，梃、刄而已。護身之具，甲盾而已。其後有弓矢，而所擊殺者漸遠。有城、郭，而

繁与简

鳥（鸟）獸（兽）衛（卫）國（国）擊（击）護（护）後（后）殺（杀）漸（渐）遠（远）

所保護者亦漸廣。然以今視之，其拙陋已甚。蓋自製造日精，陸有礮臺，海有戰艦，攻守之具，猛烈無比，古之城，郭弓矢，至此皆無用矣。

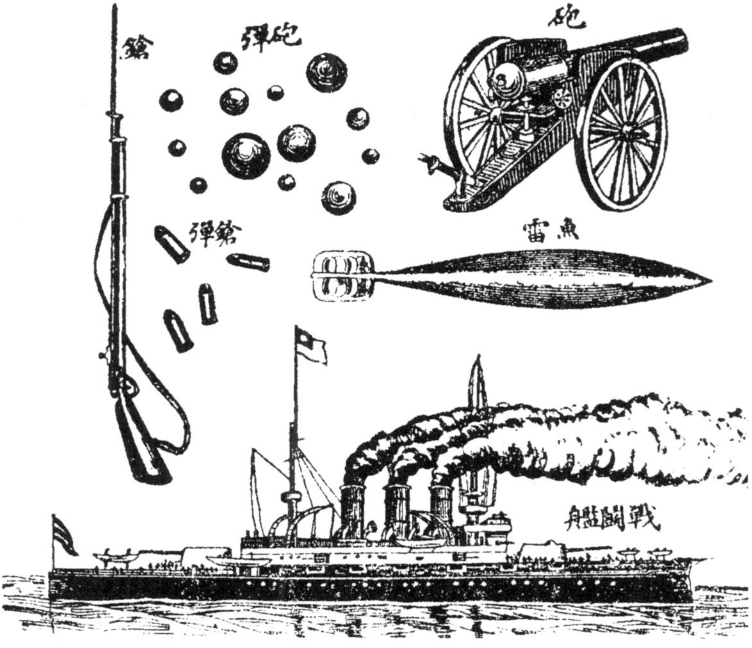

繁与简

護（护）　廣（广）　視（视）　蓋（盖）　製（制）　陸（陆）　礮（炮）　臺（台）　戰（战）　艦（舰）　無（无）　砲（炮）　彈（弹）　鎗（枪）　魚（鱼）　鬪（斗）

第五十課　畢業

學校之中，計時授課，而預定畢業之期。屆期，則第諸生品行之良否，功課之優劣，而授以證書。所以證明其學之所至也。

某區國民學校。中多良師。其學生亦殷殷嚮學，故成績為諸校冠。畢業之日，校長集諸生於堂，諸生之父，母，及他校之教師咸蒞。校長既授證書，更演說以勗學生。旁觀者皆拍掌稱善。

繁与简

畢（毕）　業（业）　學（学）　計（计）　時（时）　課（课）　預（预）　則（则）　諸（诸）　優（优）　證（证）　書（书）　區（区）　國（国）　師（师）　嚮（向）　績（绩）　於（于）　蒞（莅）　説（说）　勗（勖）　觀（观）　稱（称）

附錄演說稿

今天是國民學校畢業的日子諸生功課狠好我心裏實在歡喜但是我還有幾句話要告訴諸生想來諸生是極願意聽的諸生從今以後有的去就職業有的再求學問這是各人的志願各人的境遇自然不能一律的不過我們生在世間不論做什麽事有應該曉得的道理就是勤儉兩箇字勤是照着自己應該做的事趕緊做去一點沒有躲懶的思想儉是用錢的時候先要打算用的得當不得當要是不得當就應該省下來預備别樣用處有一種不知道勤儉的人專門講究吃着貪圖快活到後來銀錢是用完了職業是沒有了往往弄到衣食都不能完全不是狠可恥的麽諸生千萬不可學他

繁与简

應（应）麽（么）論（论）間（间）們（们）過（过）這（这）問（问）業（业）職（职）後（后）從（从）聽（听）願（愿）極（极）訴（诉）話（话）幾（几）還（还）歡（欢）實（实）裏（里）録（录）

萬（万）恥（耻）銀（银）圖（图）貪（贪）講（讲）門（门）專（专）種（种）處（处）樣（样）備（备）當（当）錢（钱）懶（懒）點（点）緊（紧）趕（赶）箇（个）兩（两）儉（俭）曉（晓）該（该）

諸生進了學校以後智識自然比沒有進學校的好些但是學問是沒有窮盡的國民學校所學的不過淺淺的普通學真要講究學問從小學而中學而大學路還離得狠遠所以諸生雖然有些智識千萬不可有驕傲的舉動要曉得禮數待人務必和和氣氣遇著不如我的人就想個法子教導他窮苦的人想個法子帮助他這是人類應盡的責任

還有一層最要緊的道理就是盡國民的本分當兵納稅是不應該躲避的禮義法律是不應該違背的諸生讀了幾年書想來都已懂得果然照了平日所學的一一做去不但是諸生的光彩教導諸生的學校也狠有名譽不是極可喜的事麽

繁与简

進（进） 氣（气）
後（后） 個（个）
識（识） 導（导）
窮（穷） 類（类）
盡（尽） 層（层）
過（过） 納（纳）
淺（浅） 義（义）
講（讲） 違（违）
離（离） 讀（读）
遠（远） 譽（誉）
雖（虽）
驕（骄）
舉（举）
動（动）
禮（礼）
數（数）
務（务）